NOTES HISTORIQUES

SUR

LES JUBIN

ET SUR LES ENDROITS EN LYONNAIS QU'ILS ONT HABITÉS

Le lieu « *Le Jubin* »

ET LES PAROISSES DE

Saint-Julien-sur-Bibost, Bessenay

Brullioles et Brussieux

(XVIIe, XVIIIe et XIXe Siècles)

LYON

IMPRIMERIE LAVAISSIÈRE

5, Rue Villeroy, 5

——

1899

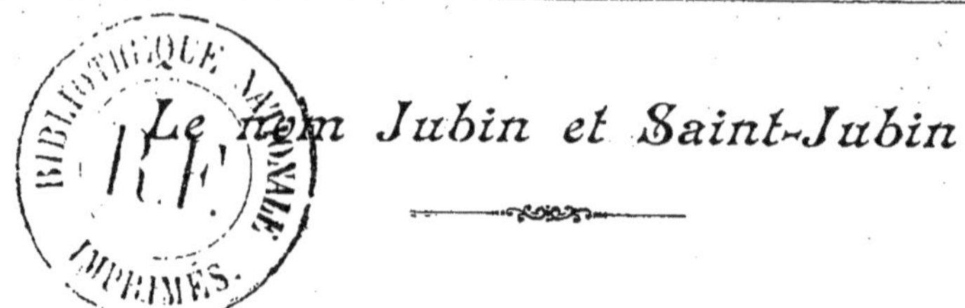

Le nom Jubin et Saint-Jubin

D'où vient le nom Jubin et comment est-il devenu le nom patronymique de cette famille ? Pour répondre à cette double question, il faudrait, bien plus que je ne l'ai fait, remonter la suite des siècles. Comme cela est très difficile et que, d'autre part, je ne veux pas entrer dans de longues dissertations à ce sujet, je me contenterai de dire qu'il est fort probable que le nom de Jubin ait été donné en baptême à un membre de cette famille après la canonisation de saint Jubin, archevêque de Lyon, ou la reconnaissance publique de la sainteté de ce pontife. Ses fils commencèrent sans doute par ajouter ce nom à leur nom de baptême, en se disant, par exemple, comme ce fut longtemps l'usage, Antoine ou Jean, fils de Jubin. Puis, ce dernier nom étant fort peu usité, ils durent, eux ou leurs descendants, le joindre purement et simplement aux leurs. C'est ainsi que le nom Jubin devint, je crois, le nom distinctif et patronymique de cette famille.

Cette opinion est du reste conforme à l'avis de M. Lorédan Larchey, bibliothécaire à l'arsenal de Paris, auteur de recherches sur les noms de famille, que je me suis permis de questionner sur l'origine du nom Jubin. Ce savant chercheur a bien voulu me donner l'explication suivante, par une carte adressée de Menton (villa Marsang, Alpes-Maritimes), au début de 1897 : « Jubin, nom de baptême devenu nom « de famille. Le bienheureux Jubin est fêté le 18 avril et honoré à « Lyon ; évêque en l'an 1083, il était alors appelé Gebuin, ce qui « montre clairement l'origine de son nom. C'est un vieux nom « germanique, comme celui de saint Gebard, qui est notre Gebhard. »

Le nom Jubin est fort peu usité comme nom de baptême. En effet, je ne l'ai jamais trouvé mentionné sur les anciens registres des paroisses. Actuellement, la seule personne que je pourrais citer portant ce prénom, est M. Jubin Thivillier, modeste paysan de la commune de Grammont (Loire), très versé, paraît-il, dans la science paléographique.

Puisqu'il se peut que les Jubin tirent leur nom de celui de saint Jubin, qu'en tous cas ils se nomment comme lui et le regardent comme leur patron, il est tout naturel de donner ici quelques détails sur ce saint archevêque de Lyon. Je le ferai d'autant plus volontiers que bien peu de personnes connaissent sa vie. Quelques écrivains lyonnais ont parlé de saint Jubin ; un curé de Saint-Irénée de Lyon, M. Durand, a même écrit un ouvrage spécial sur ce prélat, intitulé : « Notice sur saint Jubin, avec une dissertation sur l'authenticité de son corps et de son tombeau et le récit de quelques-unes des guérisons obtenues par son intercession. » (1826, Rusand, imprimeur). Voici, d'après cette notice, quelques renseignements sur le saint patron de la famille Jubin.

Jubin (Gebuin ou Jeboin) était fils de Hugues ou Hugon III, comte de Dijon. L'on ne sait rien de certain sur ses premières années. Il était archidiacre de Raynard de Bard, évêque de Langres, lorsque, le siège archiépiscopal de Lyon étant devenu vacant par l'abdication d'Humbert I et sa retraite au monastère de Saint-Claude, le rare mérite de cet archidiacre le fit choisir pour succéder au prélat démissionnaire en 1077. Tout le monde applaudit à ce choix, Jubin seul s'y opposa, et, afin d'empêcher qu'on y donnât suite, il alla se réfugier derrière l'autel, dans une des églises d'Autun. Quelque saint cependant que fût cet asile, on l'arracha de l'autel qu'il tenait fortement embrassé; en vain voulut-il prendre la fuite, on le garda à vue jusqu'au dimanche suivant, 17 septembre 1077, jour auquel il fut sacré par Hugues, évêque de Die, légat du Saint-Siège, qui présidait le Concile, alors réuni à Autun, et fut le successeur de saint Jubin en l'archevêché de Lyon.

Après avoir pris possession de son siège, le nouveau prélat, accompagné de quelques-uns de ses chanoines, se rendit à Rome où le pape Grégoire VII l'accueillit avec honneur ; ce pontife lui adressa en 1078 une décrétale pleine d'éloge par laquelle il lui confirma, et à ses successeurs légitimes, la primatie qui, de temps immémorial, appartenait à son église, sur les métropoles de Rouen, de Tours et de Sens. Mais tout cela ne porta point atteinte à la modestie de notre saint, comme on le voit dans les huit lettres qui nous restent de lui et où il ne prend d'autres titres que celui d' « indigne prêtre de l'église de Lyon ».

En 1079, saint Jubin consacra et dédia à la Sainte-Vierge l'église abbatiale et depuis collégiale de Beaujeu. En 1080, il assista au concile de Lyon. La noble collégiale de Saint-Pierre de Mâcon, dans son ancien obituaire, fait grand éloge de notre saint et lui donne le titre d'insigne bienfaiteur. Severt rapporte qu'il avait donné à l'église de cette ville plusieurs terres et qu'il donna (1080) à l'abbaye d'Ainay l'église de Sivrieux-d'Azergues. On prête aussi à saint Jubin l'établissement des chanoines réguliers de l'ordre de Saint-Ruff, dans une chapelle où fut bâti depuis le prieuré de Notre-Dame de la Platière. Steyert, dans son histoire de Lyon, dit que saint Jubin réussit à pacifier le différend qui existait entre Arthaud, comte de Forez, et Humbert, sire de Beaujeu. Le nom Arthaud était alors très répandu. Il fut notamment porté par une série de comtes de Lyonnais et de Forez. On voit également un saint Arthaud, fondateur de la Chartreuse d'Arvières et évêque de Belley (1101-1206).

Atteint, les dernières années de sa vie, de violentes douleurs de goutte, saint Jubin fit éclater une patience admirable et une résignation parfaite au milieu de ses souffrances ; aussi le don des miracles pour la guérison de la goutte et d'autres maladies aiguës lui est clairement attribué dans les anciens bréviaires et missels lyonnais. Suivant le martyrologe de l'Eglise de Lyon, ce saint Prélat mourut le 18 avril 1082, et c'est en ce jour qu'on célèbre sa fête dans le diocèse. Ses restes précieux furent déposés, comme il l'avait demandé, auprès des saints martyrs, dans une chapelle souterraine, à droite de l'église haute de Saint-Irénée, et connue depuis longtemps sous le nom de chapelle de saint Jubin.

Bien que l'église de Saint-Irénée ait été ravagée par les protestants en 1562, les reliques de saint Jubin n'ont éprouvé aucune profanation.

Le tombeau est resté intact jusqu'au 25 octobre 1824, époque à laquelle monseigneur Gaston de Pins, archevêque d'Amasie, administrateur apostolique du diocèse de Lyon, ordonna la reconnaissance des reliques qu'il renfermait et en fit opérer la translation dans l'église haute de Saint-Irénée. Le procès-verbal qui constate ces faits, après avoir dit que le tombeau de saint Jubin était autrefois vénéré par un concours prodigieux de fidèles de Lyon et des paroisses circonvoisines, mentionne que les commissaires de monseigneur l'archevêque ont extrait un os du bras, pour la communauté du refuge Saint-Michel, et un os des jambes pour l'église primatiale. Les reliques de saint Jubin furent déposées dans une châsse neuve le 25 avril 1826 ; le procès-verbal de ce dépôt constate qu'il a été découvert parmi la poussière du saint corps la croix pectorale et l'anneau pastoral du saint prélat. Enfin, suivant un troisième et dernier procès-verbal, la translation solennelle des reliques de saint Jubin fut faite par monseigneur de Pins, le 9 mai 1826 ; la cérémonie eut lieu au milieu d'un concours énorme de fidèles ; les reliques furent portées processionnellement dans les rues de la paroisse Saint-Irénée avec escorte militaire à pied et à cheval, au son du tambour et salves d'artillerie. Le procès-verbal se termine ainsi : « La châsse de saint Jubin a été placée sous l'autel de la chapelle à droite en entrant dans l'église Saint-Irénée, dans le même tombeau où le saint corps a été trouvé. On y a placé la même dalle qui le couvrait et le tout est revêtu de marbre blanc avec une inscription latine exprimant qu'on a renfermé dans cet autel et le corps et le tombeau de saint Jubin. »

Dans la crypte de Saint-Irénée on voit l'endroit où se trouvait le tombeau de saint Jubin et, dans l'église, la chapelle qui lui est dédiée. Sur le marbre qui supporte l'autel on lit cette simple inscription : « Sancti Gébuini corpus et tumulus ». Le vitrail qui éclaire la chapelle représente les armes de monseigneur de Pins « de pourpre à trois pommes de pin de…. » avec cette légende autour du vitrail : « Erigée par Jean-Paul-Gaston de Pins, archevêque d'Amasie, administrateur du diocèse de Lyon ». Monseigneur de Pins fut enterré, selon son désir, dans la chapelle de saint Jubin ; l'épitaphe est gravée sur une pierre placée à droite de l'autel.

Jubin est le 62me archevêque de Lyon et le dernier de ses archevêques qui ait été publiquement reconnu comme saint ; il existait, dit-on, au moyen-âge, une confrérie en l'honneur de saint Jubin ; elle avait son siège dans l'église de Saint-Irénée.

Les Jubin en Lyonnais

SAINT-JULIEN-SUR-BIBOST, BESSENAY, BRULLIOLES ET BRUSSIEUX

Les Jubin habitèrent les montagnes du Lyonnais pendant les XVIIe, XVIIIe et XIXe siècles. Sans doute ils étaient là bien avant ces époques, mais il me serait difficile de pousser plus loin mes recherches. Les paroisses où je constate particulièrement leur présence sont au nombre de quatre : Saint-Julien-sur-Bibost, Bessenay, Brullioles et Brussieux. Au XVIIe siècle, on voit plusieurs familles Jubin habiter simultanément les trois premiers villages ; celles de Bessenay semblent disparaître de cette commune dès 1700, tandis que celles de Saint-Julien et de Brullioles se continuent dans ces deux localités jusqu'au milieu du XVIIIe siècle. Deux Jubin, venant de Brullioles, s'établirent vers 1716 à Brussieux, où l'un d'eux eut 13 enfants, son fils aîné 13 également et l'un de ses petits-fils 9 ; aussi les Jubin furent-ils très nombreux dans ce village pendant les XVIIIe et XIXe siècles. Quelques Jubin descendirent de Brussieux à Lyon, vers 1782 ; d'autres suivirent leur exemple après la Révolution ; plusieurs se marièrent dans cette ville et s'y développèrent rapidement.

Aujourd'hui le nom Jubin est complètement éteint à Saint-Julien, à Bessenay et dans le bourg même de Brussieux. Il en existe encore une famille à Brullioles, dont le chef venait de Brussieux, et une famille au hameau de la Giraudière, dont une partie dépend de ce dernier village ; le chef de cette dernière famille a même été maire de Brussieux et serait, dit-on, actuellement le doyen d'âge de cette commune. Mais en revanche Lyon compte plusieurs familles Jubin (année 1898) ; on en trouve également à Paris et dans bien d'autres villes ; je ne parlerai dans ces notes que des Jubin ayant habité les montagnes du Lyonnais.

Les quatre localités citées plus haut, où résidèrent les Jubin, sont situées dans le département du Rhône et dans l'arrondissement de Lyon et font partie, savoir : Bessenay du canton de l'Arbresle et les trois autres de celui de Saint-Laurent-de-Chamousset ; elles se trouvent à peu de distance les unes des autres ; en une demi-journée il serait facile de les visiter toutes les quatre. Pour cela il faut prendre le chemin de fer de Lyon-Saint-Paul-Montbrison et s'arrêter à Bessenay, deuxième gare après l'Arbresle. De Bessenay une grande route mène directement à Saint-Julien, mais à peu près à mi-chemin de ces deux communes on rencontre à gauche une autre route qui conduit à Brullioles ; aussi, arrivé à Saint-Julien pour se rendre à Brullioles, doit-on revenir sur ses pas et prendre cette dernière route, ouverte récemment, sur laquelle est assis le hameau du Jubin, dont je parlerai plus tard. Pour aller de Brullioles à Brussieux, il existe une route, très longue à cause des contours qu'elle fait dans la montagne, plus un chemin et une coursière que prennent habituellement les habitants du pays. De Brussieux, une faible distance sépare de la gare de Courzieux-la-Giraudière, première station après celle de Bessenay. Ainsi qu'on le voit, il est facile de visiter ces lieux remplis de souvenirs des Jubin. J'ajoute que, si l'on suit la voie indiquée plus haut, on ne traverse aucun village pour se rendre d'une localité dans une autre, ce qui indique aussi leur rapprochement.

Bien peu d'auteurs ont daigné parler de ces quatre communes. Si elles n'ont pas eu d'historien, dira-t-on, c'est peut-être parce qu'elles n'ont pas d'histoire ! Faut-il en conclure, d'après le proverbe «Heureux les peuples qui n'ont pas d'histoire », que ces villages eurent toujours la paix, le bonheur et la tranquillité ? Je laisse à d'autres le soin de répondre à cette question. Le baron Raverat leur a bien consacré quelques pages dans ses « Promenades autour de Lyon », mais n'a guère fait là qu'une simple description de l'état actuel des communes. Ogier donne bien quelques menus détails historiques dans son ouvrage intitulé « La France par cantons », mais ces détails sont superficiels et pas toujours bien précis. Le seul auteur, à ma connaissance, qui donne de vrais renseignements sur les quatre communes qui nous intéressent est Georges Debombourg, dans son magnifique atlas historique du département du Rhône. Je vais montrer brièvement, d'après cet atlas et d'après l'almanach de Lyon pour 1789, de qui dépendaient, avant la Révolution, les quatre villages habités par les Jubin.

Saint-Julien (Sanctus Julianus), Bessenay (Bessenacus), Brullioles (Bruillolis) et Brussieux (Brussiacus) existaient déjà à l'époque romaine, ainsi que les lieux de Thorigny (Toriniacus), de Jussieu (Jussiacus) et de Sudieu (Sedziacus), noms mentionnés dans la suite. Avant l'an mil, peu de seigneurs ; l'archevêque de Lyon et son chapitre, le comte de Forez, le sire de Beaujeu, les abbés de Savigny, etc., possédaient presque tout le département actuel du Rhône. Aussi de 950 à 1100 Saint-Julien dépend de l'abbaye de Savigny ; les trois autres villages appartiennent à l'église de Lyon qui les donna, au commencement du XIIᵉ siècle, à l'abbaye de Savigny ; de cette antique abbaye, située près de l'Arbresle et de Sain-Bel, de l'ordre de Saint-Benoît, et datant du VIᵉ siècle, dépendaient aussi le château-fief de Chamousset et le château-prieuré de Montrottier. Par le traité de 1173 entre Guichard, archevêque de Lyon, et Guy, comte de Forez, le département actuel du Rhône fut divisé en trois parties distinctes : le comté de Lyon ou Lyonnais, avec l'archevêque pour souverain, la sirerie de Beaujeu ou Beaujolais et le comté de Forez. Les quatre villages ci-dessus énoncés firent partie du comté de Lyon, tout en appartenant toujours à l'abbaye de Savigny.

Jusqu'aux premières années du XIVᵉ siècle Lyon et le Lyonnais avaient eu pour premiers suzerains tantôt les rois de France, tantôt les empereurs d'Allemagne. Par un traité du 10 avril 1312, Philippe le Bel réunit définitivement le comté de Lyon à la couronne de France, mais l'archevêque et son chapitre continuèrent à administrer Lyon et le Lyonnats. C'est depuis ce traité que les Lyonnais sont véritablement Français.

Vers cette époque Saint-Julien devient seigneurie particulière et dépend, avec Bessenay, du prieuré de Montrottier ; Brussieux devient seigneurie ecclésiastique et Brullioles fait partie de la seigneurie laïque de Chamousset. Cette situation se continue ainsi sans trop de modification jusqu'en 1789, sauf pour Saint-Julien qui devint le chef-lieu, dès 1670, d'une nouvelle baronnie, dite de la Rouillère, dont le château est situé à peu de distance de Saint-Julien, au pied de Montrottier, et dont fit partie Bessenay. Vers 1670 apparaissent aussi les petits fiefs de Senevier, près Saint-Julien, du Mas de Bessenay et du Jabert, près Bessenay ; au milieu du XVIIᵉ siècle apparaît celui de Charfetain, près Brullioles.

Lorsque éclate la Révolution, le bourg et les trois quarts de la paroisse de Saint-Julien appartiennent à la baronnie de la Rouillère, une autre partie dépend de la justice de Senevier et le reste de celle de Bessenay ; Brullioles est soumis à la justice de Chamousset ; Brussieux, toujours seigneurie ecclésiastique, est soumis à la justice du prieuré de Saint-Irénée de Lyon, après avoir appartenu au château de Sainte-Foy ou au prieuré de l'Argentière. Les trois quarts de la paroisse de Bessenay dépendent à cette époque de la justice du mas de Bessenay, les hameaux de la Roue et de Subdieu dépendent de Chamousset ; celui de Jussieu, de la chamarerie de Savigny ; celui de Citivol du prieuré-archiprêtré de Courzieux. paroisse près de Brussieux, et le fief du Jabert d'un seigneur particulier. J'ajoute, comme note, que l'abbaye de Savigny, dans laquelle on ne pouvait être reçu qu'après avoir fait preuve de noblesse de 4 ascendants paternels, la mère constatée damoiselle, fut supprimée par des bulles du pape de 1780 et ses biens réunis aux chapitres des chanoinesses de Leigneux, l'Argentière et Alix. J'ajoute aussi que la plus ancienne seigneurie du pays parait avoir été la baronnie de Chamousset, dont le château existe toujours et a été magnifiquement réparé par son propriétaire, M. Bissuel de Saint-Victor, qui eut un ancêtre seigneur de Ronno, en Lyonnais, en 1551 ; dans la liste des seigneurs de Chamousset figurent deux autres noms lyonnais : Binet, bourgeois de Paris (1660), et Hugues d'Aubarède (1698).

Avant la Révolution Saint-Julien, Bessenay, Brullioles et Brussieux dépendaient de l'élection de Lyon ; en 1790 ces paroisses furent comprises dans le département de Rhône-et-Loire, elles devinrent communes et Saint-Julien changea momentanément son nom contre celui de Le Fruitier-sur-Bibost. Après le siège de Lyon, en 1793, on forma les départements du Rhône et de la Loire. Celui du Rhône fut divisé en trois districs : celui de Lyon, celui des environs de Villefranche et celui de la campagne de Lyon, dont firent partie les quatre communes ; depuis 1800 le département du Rhône est divisé en deux arrondissements : celui de Villefranche et celui de Lyon. D'après l'indicateur Henri de 1898, St-Julien-sur-Bibost compte 662 habitants, Bessenay 2.039, Brullioles 924 et Brussieux 737. Vers 1800, Bessenay fut quelque temps chef-lieu de canton.

Je vais parler maintenant en détail des Jubin qui habitèrent Saint-Julien-sur-Bibost, Bessenay, Brullioles et Brussieux.

Les Jubin à Saint-Julien-sur-Bibost

Je regarde cette paroisse comme étant le lieu d'origine, le berceau de la famille Jubin, tout d'abord parce que les Jubin y étaient nombreux au XVIIe siècle, ensuite parce qu'ils donnèrent leur nom à une petite portion de son territoire, appelée de nos jours encore « Le Jubin », et qui fera l'objet d'un chapitre spécial.

Claude Jubin et sa famille.— Le premier Jubin que je citerai, d'après un ancien acte notarié mentionné plus loin, est Claude Jubin, laboureur à Saint-Julien-sur-Bibost ; il dut naître à la fin du XVIe siècle ou, plutôt, au commencement du XVIIe, car l'un de ses enfants, Noël Jubin, naquit vers 1646 ; je n'ai pu lire le nom de l'épouse de Claude Jubin, dont le prénom semble être Fleurie. Ils eurent plusieurs enfants, savoir :

1o « Honeste » Noël Jubin, premier du nom, laboureur et marchand au Jubin, consul de Saint-Julien ; il épousa Elisabeth Ezement ou Ayzement (appelée aussi Isabeau Ezernon), laquelle lui donna trois enfants : a. Noël Jubin, deuxième du nom, cité plus loin ; b. Pierrette Jubin, qui épouse, le 14 octobre 1704, Benoît Raymond, de Montrottier; c. Claudine Jubin, née le 18 et baptisée le 19 février 1682, décédée le 13 juillet 1697, âgée de 15 ans, après avoir reçu les sacrements de l'église ; elle fut enterrée le lendemain ;

2o Flory Jubin, qui se maria avec Madeleine Moulin ou Molin ; leurs enfants furent : a. Antoine Jubin, sur lequel nous n'avons aucun renseignement ; b. Madeleine Jubin, née vers 1687, épouse de Jean Esemant le jeune, habitant du lieu de Lorme, paroisse de Saint-Julien-La Rouillère-sur-Bibost ; « extrêmement malade dans son lit », elle fit son testament devant maître Esbrayat, notaire royal à Saint-

Julien, le 14 mai 1717, aux termes duquel elle fait divers legs à son mari et autres personnes, et institue pour son héritier son frère Antoine Jubin, déjà nommé ; elle mourut le lendemain, 15 mai 1717, âgée de 30 ans, et fut enterrée « dans l'église de Saint-Julien » ; *c.* et, sans doute, Jean-Antoine Jubin : son acte de décès dit que « le 24 juin 1697 est mort, en la maison de Noël Jubain, et le lendemain fut enterré au cimetière, Jean-Antoine Jubin, âgé d'environ 4 ans 1/2, fils légitime de feu Flory Jubin, jardinier, demeurant à la paroisse de Cuire » (pas sûr de ces trois derniers mots). Ces trois enfants ne naquirent pas à Saint-Julien, car nous ne retrouvons pas leurs actes de naissance dans les registres de cette paroisse. A la mort de leur père, ils durent recevoir l'hospitalité au Jubin chez leur oncle Noël Jubin, premier du nom ; en effet, Madeleine se marie à Saint-Julien et Jean-Antoine meurt dans la maison de Noël Jubin ;

3º Jacques Jubin, qui eut une fille prénommée Benoîte ; je n'ai trouvé ces deux noms que dans le testament de Philibert Jubin, ci-après nommé ;

4º Et Philibert Jubin, dont le testament fut dressé par Mᵉ Esbrayat, notaire à Saint-Julien, en son étude, le 24 mai 1701, après-midi. « Étant engagé à la milice pour la paroisse de Saint-Julien, et craignant décéder à la dite milice », il prend ainsi qu'il suit ses dispositions de dernières volontés. Après avoir, comme chrétien par la grâce divine, fait sur sa personne le signe de la Sainte-Croix et recommandé son âme à Dieu, son créateur, à la très sainte Vierge et à toute la cour céleste, le testateur supplie très humblement sa divine bonté de vouloir bien lui pardonner ses fautes et recevoir son âme au nombre des bienheureux quand il lui plaira de la séparer de son corps. Il élit sa sépulture au cimetière de l'église paroissiale du lieu où Dieu voudra qu'il décède et ordonne que le jour de l'enterrement, ou le plus tôt que faire se pourra, il soit dit et célébré quatre messes de Requiem pour le repos de son âme, savoir deux grandes et les autres deux à voix basse ; quant au surplus des œuvres pies et aumônes il s'en remet et confie à la bonne volonté et direction de son héritier, espérant qu'il s'y acquittera honorablement suivant sa condition.

Puis Philibert Jubin lègue 10 livres à Pierrette Jubin, sa nièce, fille de Noël Jubin, son frère, pour les bons et agréables services qu'il a reçus d'elle, 10 sols à chacun de ses neveu et nièces, Antoine, Madeleine et Benoîte, fils et filles, les deux premiers de feu Flory Jubin et la troisième de feu Jacques Jubin, ses frères, et 5 sols à chacun de tous ses parents prétendant droit à ses biens. Enfin, il crée pour son héritier universel Noël Jubin, premier du nom, son frère, à qui il donne tous ses biens, à la charge de les remettre à la fin de ses jours à autre Noël Jubin, deuxième du nom, son fils, neveu du testateur, et de payer toutes ses dettes, legs et frais, à prélever sur les plus clairs deniers du testateur et sur les droits de légitime paternel et maternel desquels droits Noël Jubin père lui était tenu comme héritier universel des défunts Claude Jubin et son épouse, leur père et mère.

Outre la charge de consul de Saint-Julien, qu'il remplit notamment en 1689, « Honeste » Noël Jubin, premier du nom, occupa aussi celle de marguillier et fabricien du luminaire de l'église paroissiale de ce village. Son prédécesseur, sieur Aymé Cocquard, lui remit officiellement tous les ornements de l'église en présence de Jean Nayrand et de Jean Micollet, marchands de Saint-Julien ; un acte en fut dressé au banc du luminaire le lundi 21 septembre 1699, après-midi, par maître Esbrayat, notaire royal. Ces ornements comprenaient tous ceux indiqués dans un inventaire fait à la diligence du prédécesseur d'Aymé Cocquard (prénommé Pierre et qualifié maréchal du lieu Jubin) le 4 juin 1692, en présence de messire Claude Chatelus, curé de Saint-Julien ; ils comprenaient en outre les objets suivants recueillis depuis l'inventaire : 3 nappes pour la communion, 2 nappes d'autel, 5 bords d'autel de toile et dentelles, 2 grands draps pour la chapelle ou paradis du Jeudi-Saint et un devant d'autel cuir doré, ce dernier ornement donné à l'église par la dame de Saint-Julien, qui devait être à ce moment la femme de « haut et puissant seigneur, messire Jacques de Rostaing, chevalier, seigneur de......., baron de la Roullière, Saint-Julien et autres lieux, haute justice de Bibost» (1690). Le prêtre qui dirigeait la paroisse à cette époque était messire André Devaux, curé en Forez, en l'absence de Claude Chatellus, curé de Saint-Julien.

Le 21 mars 1708 maître Esbrayat, notaire, dresse une obligation de 80 livres pour Pierre Cocquard contre Mathieu Jubin, d'Ancy, dont je n'ai pas retrouvé la trace.

Le lieu « Le Jubin » et ses habitants ; les deux Noël Jubin ; la croix du Jubin. — Le lieu du Jubin fait partie de la commune de Saint-Julien ; situé à une distance assez grande du village, il se trouve placé sur la nouvelle route de Bessenay à Brullioles. Composé de 5 ou 6 maisons seulement, les unes anciennes et noires, assises sur le bord du chemin, les autres neuves et grises, placées sur la hauteur, le Jubin est dominé par la montagne de Montrottier que couronne le village de ce nom et d'où s'élève majestueusement le clocher de l'église paroissiale. Au pied de cette montagne il existe encore le château de la Rouillère, situé à peu de distance du Jubin ; cette ancienne maison noble (qui avait le titre de baronnie et qui apparaît vers 1670) appartint au XVIIe siècle à la famille de Rostaing, citée plus haut, puis, au XVIIIe siècle, à la famille Brossier, qui prit plus tard le nom de son fief, fief qu'elle conserva jusqu'à la Révolution. Les registres de Saint-Julien mentionnent le décès, arrivé le 11 novembre 1707, dans son château de la Roullière, de messire Charles Brossier, écuyer, conseiller secrétaire du Roy, maison et couronne de France, et de ses finances, seigneur et baron de la Roullière, Saint-Julien, Bibost, Mommonot et ses dépendances, enterré dans le chœur de l'église de Sant-Julien.

Il est à peu près certain que ce sont les Jubin qui donnèrent leur nom au lieu de Jubin et non ce lieu qui donna le sien à ses habitants. Ayant questionné à ce sujet M. Lorédan Larchey, celui-ci a bien voulu me répondre ainsi : « Le nom du lieu Le Jubin a été donné parce qu'un Jubin y a bâti le premier. » L'expression de « lieu des Jubin », relevée dans quelques actes notariés, ainsi qu'on va le voir, serait un commencement de preuve. A quelle époque les Jubin s'établirent-ils là ? Peut-être dans le courant du XVIIe siècle ; le premier document où je vois ce lieu indiqué porte la date du 8 mars 1693 : c'est l'acte de baptême de Noël Ayzemant dont le parrain était « Noël Jubin, marchand du lieu du Jubin ». Dans l'acte de remise des ornements de l'église de Saint-Julien, du 21 septembre 1699, cité plus haut, Noël Jubin est qualifié « Laboureur habitant du lieu des Jubin ». A cette époque, en effet, ce lieu est appelé tantôt « lieu des Jubin », tantôt

« lieu du Jubin » ; les notaires se servent de la première expression dans leurs actes, les curés emploient la seconde sur leurs registres. C'est l'expression « Le Jubin » qui est usitée de nos jours dans le pays et que l'on trouve sur la carte d'état-major du département du Rhône et sur la carte de la France dressée par les soins du ministère de l'Intérieur. On rencontre aussi de temps en temps sur les registres paroissiaux ou dans les actes du notaire de Saint-Julien, le nom Jubin écrit Jubain, mais cela bien rarement et jamais dans les signatures.

Les deux Noël Jubin. — Noël Jubin, premier du nom, habitait le Jubin avec toute sa famille. Né vers 1646, il mourut le 8 novembre 1701, âgé d'environ 55 ans ; sa femme, Elisabeth Ezement, lui survécut ; née vers 1644 (c'est-à-dire avant son mari), elle mourut à son tour le 27 mars 1714, âgée de 70 ans ; tous les deux avaient reçu les sacrements et furent enterrés dans le cimetière de Saint-Julien par le curé Borgier. J'ai donné plus haut le nom de leurs enfants.

Leur fils aîné, Noël Jubin, deuxième du nom, continua à demeurer au Jubin après la mort de son père et de sa mère. Il avait épousé Claudine Guichardière ou La Guichardière, d'Hauterivoire, qui paraît ne lui avoir donné que des filles, au nombre de quatre : Benoîte, Elisabeth, Pierrette et Marie Jubin.

Benoîte et Elisabeth naquirent jumelles et furent baptisées le 2 novembre 1700. Elisabeth eut pour parrain Claude Guichardière, de Saint-Clément, et pour marraine Elisabeth Clément « sa mère grand » ; mais elle mourut peu après sa naissance, le 19 du même mois, n'ayant que 17 jours de vie. Sa sœur Benoîte avait été tenue sur les fonts baptismaux par Noël Jubin « son père grand » et Benoîte Récicaud. Elle se maria le 23 janvier 1725 avec Camille Grizaud, qui dût emmener son épouse, alors âgée de 24 ans, à Villechenève, sa paroisse.

Pierrette Jubin vit le jour le 22 octobre 1702 ; son baptême eut lieu le 24 du même mois. Ses parrain et marraine furent Claude Guichardière et Pierrette Jubin, sa tante.

Enfin Marie Jubin fut baptisée le 9 octobre 1705 et se maria, âgée de 23 ans, avec Joseph Delorme, de Saint-Julien, le 18 janvier 1729. La famille Delorme devait être originaire du lieu de l'Orme, situé tout près du Jubin, sur la nouvelle route de Brullioles. On voit encore au dit lieu les restes abattus et brisés d'une vieille croix de pierre ; un propriétaire du Jubin a bien voulu m'indiquer la date et les noms inscrits sur cette croix ; les voici d'après sa lettre : « 1745 — Eiean (?) — Baptiste Aizeman — Benoît Récicaud — C. Chambe — Jean Aizeman — Pierre Cocuard — C. Verney. »

C'est messire Chassaing, curé de Saint-Julien, qui signa, le 2 décembre 1730, l'acte de sépulture de Claudine La Guichardière « femme de Noé Jubin », morte la veille, après avoir reçu les derniers sacrements. Elle était âgée de 55 ans, ce qui porte sa naissance vers 1675. Entre la paroisse d'Hauterivoire, dont Claudine La Guichardière était originaire, et celle des Halles-le-Fenoyl, il existe un lieu appelé Guichardière.

Noël Jubin, deuxième du nom, exerça les fonctions de consul et de collecteur de tailles de la paroisse de Saint-Julien ; un acte de maître Esbrayat, notaire, constate que lui et ses collègues furent remplacés par les consuls nouvellement élus, le 10 septembre 1719.

Noël Jubin et Claudine La Guichardière s'étaient mariés en 1700 et avaient fait précéder leur mariage d'un contrat reçu par Mᵉ Ponthus, notaire à Saint-Laurent-de-Chamousset. Par ce contrat Noël Jubin père fait donation de ses biens à son fils, à la charge de remettre à Pierrette Jubin, sa fille, divers objets mobiliers, vêtements et sommes.

Suivant actes reçus par le même notaire Ponthus, les 5 juin 1701 et 26 juin 1702, Noël Jubin reçoit de Claude Guichardière, son beau-frère, marchand de Saint-Clément-les-Places, la somme et les objets ci-après dépendant de la dot de sa femme : argent 340 livres, un lit garni et sa coverte, 4 chemises, 2 nappes, 6 serviettes, 1 habit nuptial complet, 2 brebis et leurs suivants, 6 linceuls et 8 mesures de blé seigle, mesure de Saint-Bonnet-les-Places.

Je trouve encore concernant Noël Jubin, deuxième du nom, trois actes reçus par Mᵉ Esbrayat, notaire à Saint-Julien : 1° un loyer de pré par Jacques Dutour à Noël Jubin, en mars 1704 ; 2° une obligation du 2 janvier 1719, de 118 livres, par Noël Jubin et sa femme, au profit d'Antoine Thinet pour vente de bœufs par ce dernier ; 3° une autre obligation du 24 août 1720, de 196 livres par Joseph Ramel contre Noël Jubin.

La Croix du Jubin. — C'est à ce même Noël Jubin, deuxième du nom, et à ses voisins de propriété, que le lieu du Jubin doit la croix de pierre qui s'y trouve élevée. Son croisillon fut abattu pendant la Terreur et probablement perdu. Le socle dut être renversé ; on le releva dans le courant de notre siècle, la tête fut complétée et la croix se dresse encore, fière de ses deux siècles d'existence, devant la vieille maison des Jubin, et protégée par un arbre qui la couvre de ses rameaux.

Au milieu de cette croix, dans un écusson grossièrement sculpté, on lit cette inscription « ce 6 may 1702 » ; sur le socle les noms suivants sont gravés : en face « NOEL IVBIN » (très lisible), à droite « Pierre Coquart », au dos « Jean-Baptiste Borion », à gauche « Pierre Ayzement » (ces deux derniers noms peu lisibles).

J'ai eu le bonheur de retrouver dans les registres paroissiaux de Saint-Julien l'acte rappelant la bénédiction de cette croix. C'est là un document précieux pour la famille Jubin, aussi m'empresserai-je de le reproduire en entier : « Le 22 juin 1702, je soussigné, curé de Saint-
« Julien et Bibost, suis allé en procession au Jubin où j'ai béni deux
« croix, en suite du pouvoir à moi donné pour ce faire par monseigneur
« de Saint-Georges, archevêque et comte de Lyon, lesquelles croix ont
« été construites et plantées à la dévotion des soussignés. Signé : N.
« Jubin, Coquart, J. Damey, Ayzemand, J. Ayzemand, Bᵗᵉ Bourgeois,
« Chavain et Borgier, curé. »

Cet acte parle de deux croix : une seule, celle dont nous venons de parler, existe toujours au Jubin. On ignore ce qu'est devenue l'autre. En tout cas la bénédiction de ces deux croix dut se faire avec solennité. Si je me reporte par la pensée à deux siècles en arrière, c'est ainsi que je me représente cette cérémonie : La bénédiction a été annoncée un dimanche pendant la messe, après les prières pour les défunts ; le curé de Saint-Julien en a fixé la date. Le jour venu chacun se dirige vers l'église, point de départ de la procession. Un clerc ouvre la marche, portant la croix paroissiale, les enfants de chœur le suivent en chantant des cantiques ; viennent ensuite de nombreux paroissiens de tout âge et de tout sexe ; puis les consuls, les luminiers et autres autorités locales, enfin le curé de la paroisse en surplis. Le cortège s'avance ainsi lentement le long des routes et sentiers... Arrivée au Jubin, la procession s'arrête devant les croix nouvellement construites; en première ligne se trouvent là Noël Jubin, sa famille, ses voisins ; des chants de garçons et de filles se font entendre, le curé prononce les prières liturgiques, on s'agenouille et la bénédiction solennelle a lieu. Quel beau spectacle que tous ces fronts courbés devant le signe de notre rédemption sous la main bénissante du prêtre !... Après, de nouveaux chants, de nouvelles prières, et le cortège reprend paisiblement le chemin du village. La cérémonie est terminée, mais les habitants en gardent un pieux souvenir et se découvrent avec respect devant les nouvelles croix qui protègent leurs terres.

Un ancien du pays m'a dit qu'on allait dans le temps en procession chaque année jusqu'à la croix du Jubin ; toutefois, le contraire m'a été déclaré par M. le curé de Saint-Julien.

La croix survivante a-t-elle été réédifiée à l'endroit même qu'elle occupait au XVIIIe siècle ? Je ne sais. Placée dans la partie basse du Jubin, sous un arbre, elle regarde les vieilles maisons noires qu'habitèrent sans doute les Jubin et où demeure aujourd'hui une excellente famille de cultivateurs : M. et Mme Dumont, M. et Mme Bourgeois et leurs deux charmantes fillettes, prénommées Claudia et Philomène. Derrière la croix s'étendent de vertes prairies, la montagne de Montrottier forme le fond du tableau ; le clocher surmonte le village : « C'est notre Fourvières » me disaient les habitants actuels du Jubin en me montrant le clocher de Montrottier.

M. Matagrin m'a signalé un acte de 1640 portant vente de maiso haute, moyenne et basse à Saint-Julien, lieu du Jubin ; cette expression indiquait que ladite maison avait rez-de-chaussée avec 1er et 2e étages, cela était rare dans nos campagnes. Cette maison était-elle sur la partie inférieure ou sur celle supérieure du Jubin ? Peut-être s'élevait-elle sur l'emplacement occupé aujourd'hui par M. Tavernier, avocat à Lyon, qui possède un domaine au Jubin, comprenant notamment une grande maison moderne de maître et divers bâtiments pour les fermiers. C'est M. Tavernier père qui a fait démolir l'ancienne ferme et augmenté la maison d'habitation construite, croit-on, par le docteur Levrat. M. Tavernier a acquis le domaine du Jubin des héritiers de François Coquard, le 22 septembre 1867 ; ce dernier l'avait acquis, le 12 août 1845, du docteur Levrat aîné, lequel l'avait lui-même acheté de Claude-François Coquard, le 14 novembre 1833. Il est indiqué dans l'un des actes de vente que la moyenne partie de la propriété a été recueillie dans la succession de Simon Coquard, lequel avait institué héritier universel son fils aîné, Claude-François Coquard, par testament du 8 août 1787.

Sur les indications de M. Tavernier, après avoir consulté la carte d'état-major, j'ai trouvé entre Dardilly-le-Haut et Dardilly-le-Bas (canton de Limonest), près du hameau le Bariot, un lieu appelé aussi « Le Jubin ». Je n'ai vu là que deux maisons sans importance. L'une d'elles est en partie ancienne ; on y accède par un escalier extérieur et couvert, comme il en existe beaucoup dans les vieilles fermes. Au-dessus de l'une des portes un écusson sans inscription. Un des propriétaires, que j'ai interrogé, n'a pu me fournir aucun renseignement.

L'Eglise de Saint-Julien-sur-Bibost. — Je ne quitterai pas Saint-Julien sans parler de son église paroissiale, où les Jubin furent baptisés, mariés et bénits pendant plus d'un siècle. Je ne la décrirai pas, car je n'entends rien en archéologie. Je relaterai simplement les faits que j'ai récoltés sur elle çà et là. Elle eut l'honneur de recevoir, le 9 avril 1660, la visite pastorale de monseigneur Camille de Neuville, archevêque-comte de Lyon, primat de France, lieutenant général pour Sa Majesté de la ville de Lyon et des pays de Lyonnais, Forez et Beaujolais. Le procès-verbal des visites, commencées le 6 mars 1651, s'exprime ainsi pour la paroisse de Saint-Julien : « À la visite que « nous avons faite de cette église, nous avons trouvé le saint sacrement « dans un petit tabernacle assez pauvrement tenu quoique avec assez de « propreté. Les saints autels et les fonts baptismaux sont assez bien. « Le grand autel et les deux autres qu'il y a sont convenables. L'autel « qui est à main droite en entrant au chœur est l'autel de la confrérie « du Scapulaire et l'autre est celui de la confrérie du Rosaire. Il n'y a « aucune fondation aux dites chapelles ou autels.

« Le luminaire n'a aucun revenu certain. Les ornements sont en « petite quantité et consistent en trois ou quatre chasubles, douze « nappes, un petit calice d'argent, un ciboire damasquiné, le soleil de « mesme, quelques chandeliers et croix de laiton ; la paroisse a destiné « cent livres, qui sont entre les mains des luminiers, pour un « tabernacle.

« L'édifice de l'église est en assez bon état ; le chœur est voûté, et « autour de la nef il y a une tribune ou galerie élevée. La cure est de « la nomination du prieur de Montrottier. Le revenu consiste en 12 « asnées de vin, 12 burets de blé, 6 livres d'argent que donne le prieur « de Montrottier, de plus il y a une dîme de blé et vin de quelques « fonds. Le tout valant 200 livres, sauf partie de ce que le curé tire de « Bibost qui est une disme, une vigne et une terre valant le tout « 100 livres. Bibost est l'annexe et le curé y tient un vicaire. Le « nombre des communiants de Saint-Julien est de 300.

« Messire Christophe Bosson, prestre du diocèse de Clermont, est « curé depuis l'an 1647, pourvu par désignation ; ses registres curiaux « sont en assez bon état, si ce n'est que les actes des mariages ne sont « pas assistés des témoins, à quoi nous lui avons ordonné de remédier « à l'avenir. La maison curiale est en ruines et a besoin de prompte « réparation. Le cimetière est autour de l'église, clos de sorte que les « animaux n'y peuvent entrer, néanmoins affecté au passage des « habitants, il n'y a point de remède, d'autant que la plupart des « maisons aboutissent sur le dit cimetière qui, étant d'ailleurs fort « étroit, ne peut être restauré. »

D'après les registres paroissiaux, 1° le 10 juin 1703 eut lieu la bénédiction de la croix des Igaud (?) ; 2° et « le 28 août 1708, l'archiprêtre de Courzieu a béni la chapelle nouvelle de Saint-Julien et l'a mise sous le vocable de N.-D. de Saint-Blaise et Saint Cler. » Les mêmes registres mentionnent, vers 1690, un de Jussieu, greffier de Saint-Julien, vers 1700 un de Jussieu, maître apothicaire à Lyon, et, le 9 septembre 1712, le décès de messire Claude-Joseph d'Albon, archidiacre et comte de Lyon, seigneur et prieur de Montrottier, enterré à Saint-Jean de Lyon.

Je relève encore sur les mêmes registres le fait suivant : « Le « 20 décembre 1713 l'église de Bibost fut volée ; on prit le saint ciboire,

« les saintes hosties furent versées sur le tapis de l'autel ; lesquelles
« je soussigné, curé, le même jour les recueillais ; le 23e je les apportais
« à Saint-Julien, en vertu de l'ordonnance rendue par monseigneur
« de Saint-Georges, archevêque de Lyon ; nous vinmes de Bibost en
« procession où nous étions plus de 500 personnes. Le 30e du même
« mois le voleur fut arrêté à Lyon et le 9e janvier 1714 il fit amende
« honorable et eut le point coupé devant l'église de Saint-Jean de
« Lyon et ensuite conduit sur les Terreaux où il fut brulé, après avoir
« confessé son crime. Dieu lui fit miséricorde. Signé : Borgier.»

Voici les curés de Saint-Julien dont j'ai relevé les noms en passant :
Bosson (1660), Boucherie (1682), Chatelut (1697), Borgier (1700-1717)
et Chassaing (1730). Le curé actuel de Saint-Julien, M. Chambovet
(1895), a bien voulu m'écrire que son église possédait trois pièces
intitulées « fondations », l'une porte la date de 1594, les deux autres
paraissent remonter à la même époque. Sa lettre parle aussi en ces
termes d'un pélerinage relatif à sa paroisse : « Les habitants de Saint-
« Julien font depuis un temps immémorial, 156 ans je crois, chaque
« année, le lundi après l'Ascension, le pélerinage de Valfleury, près
« Saint-Chamond, pour la conservation des fruits de la terre. En
« arrivant ici j'ai cherché quelle pouvait être l'origine de ce pélerinage,
« pourquoi et à quelle date précise les anciens avaient fait ce vœu, et
« je n'ai rien trouvé ni ici ni à Valfleury. Toutefois, la notice écrite sur
« Notre-Dame de Valfleury rapporte que ce pélerinage ayant été
« interrompu pendant 7 années (c'était peut-être pendant la Terreur)
« la grêle causa de grands ravages dans le pays, et que pendant ces
« 7 années les habitants de Saint-Julien n'eurent aucune récolte. Le
« pélerinage fut donc recommencé et n'a plus été interrompu. Cette
« année encore 45 personnes ont accompli le vœu fait par leurs
« ancêtres. Un père de Valfleury est porté à croire que ce vœu aurait
« été fait à l'occasion de la peste qui fit tant de ravages dans le pays
« au XVIIe siècle et en 1720 ou 1721.»

Ogier nous dit que Pierre Coquard, ancien maire de Saint-Julien,
gratifia l'école des filles d'une donation de 50 francs par an, à condition
qu'elle serait dirigée par des sœurs Saint-Charles, et que M. de
Jussieu, chanoine de Lyon, donna une maison pour la résidence des
sœurs et un emplacement pour l'école. La famille de Jussieu posséda
pendant presque tout le XVIIIe siècle le château de Senevier, situé
sur le territoire de Saint-Julien, et dont dépendait une partie de ce
village. M. Bonaventure de Jussieu, qui en était seigneur en 1789,
était, paraît-il, très aimé dans le pays, où il faisait beaucoup de bien.
Cela ne l'empêcha pas d'être condamné par le tribunal révolutionnaire
et exécuté. Comme on lui disait de se cacher, qu'on pourrait bien
venir le prendre, il répondait : « Mais pourquoi? je n'ai point d'ennemi».
Le château de Senevier appartint au XVIIe siècle à Ennemonde de
Savaron (1671) ; ce n'est plus aujourd'hui qu'une grosse maison
bourgeoise avec ferme, dont est propriétaire une famille Chazaud.

Les Jubin à Bessenay

**Benoît Jubin et sa famille ; Pierre Jubin, notaire à
Bessenay.** — Je ne vois que peu de Jubin à Bessenay. Le premier
dont je lis le nom sur les registres paroissiaux est sieur Benoît Jubin,
marchand de Bessenay, qui avait épousé Jeanne Bigay, de la même

paroisse, fille de Benoît Bigay et sœur de maître Annibal Bigay, greffier de Bessenay. De ce mariage naquit une fille, Antoinette ; son acte de décès porte qu'elle fut « enterrée dans l'église » de Bessenay le 23 août 1659 ; le curé de Brullioles ou le vicaire de Brussieux fit la sépulture, car ils exercèrent le ministère paroissial à Bessenay de 1653 à 1660. Sans doute Benoît Jubin eut une autre fille qui porta aussi le prénom d'Antoinette ; les registres de Bessenay font en effet mention en 1673 d'une Antoinette Jubin, fille de sieur Benoît Jubin, marchand ; en 1678 on lit également la signature d'Antoinette Jubin à côté de celle de L. Faure. Benoît Jubin fut enterré le 3 octobre 1676.

Jeanne Bigay, femme de Benoît Jubin, était veuve en premières noces de Jean Berthaud. Suivant acte dressé par Me Ponthus, notaire à Saint-Laurent-de-Chamousset, le 2 mars 1666, elle donne son consentement au mariage de son fils du premier lit, Jean Berthaud, marchand de Bessenay, avec Jehanne de la Roue, fille de feu discret maître Jehan de la Roue, notaire royal, capitaine chatelain et lieutenant de juge, à Bessenay.

Les registres de Brussieux contiennent cette mention inscrite par le curé ou le vicaire à propos des enterrements faits par eux à Bessenay : « Ce 27 oust 1660 jay enterré un enfant de la ville nourit chez la.... Marion que Jubin a fait enterré dans l'église. » Ce Jubin ne serait-il pas Benoît Jubin, cité plus haut ? En tout cas, cette mention ne semblerait-elle pas indiquer que ce Jubin occupait une fonction dans la paroisse ? Peut-être celle de luminier ou de consul, ou bien représentait-il à Bessenay les parents de l'enfant.

Je trouve encore dans la paroisse de Bessenay, dame Claudine Jubin, femme de Jean Savay ; ils eurent deux filles : Jeanne Savay, née le 6 août 1675, dont la marraine fut dame de la Roue, femme du sieur Fray Berthaud Guillon, et Benoite Savay, née le 4 et baptisée le 8 août 1677, par M. Niel, prêtre, et qui fut tenue sur les fonts baptismaux par son parrain, Philibert Jubin, en présence de Jacques et Antoine Simon.

En 1673 on remarque une Jeanne Jubin, de Bessenay, et, en 1677, une Jeanne Jubin, épouse de Jacques Simon : ce devait être la même personne ; puis, à la même époque, les signatures de Philibert Jubin, P. Jubin, B. Jubin, chirurgien. Enfin, très souvent mentionné, on lit le nom de maître Pierre Jubin, d'abord marchand puis notaire et greffier de Bessenay ; maintes fois il sert de témoin ou de parrain ; notamment en 1693 il est parrain de Catherine Dutel avec, pour marraine, demoiselle Catherine de la Roue.

Pierre Jubin, notaire, était aussi propriétaire à Bessenay, car il fit faire des réparations dans des bâtiments lui appartenant situés au bourg de cette paroisse et occupés partie par lui, partie par Benoît-Georges Roche, hoste au dit lieu. Pour cela il traita à prix fait avec un maître maçon du pays de la Marche, travaillant en la province de Lyonnais, ainsi que le constate un acte reçu par Me Berthaud, notaire royal, le 30 et dernier septembre 1696. Il fut convenu que le maçon ferait une cheminée de la manière accoutumée, démolirait un vieux four, en construirait un autre à neuf et boucherait des portes à gros de murailles, le tout fait et parfait au dire d'expert « à la Saint-Martin d'hiver prochain ». Me Jubin s'engagea à fournir les matériaux sur place et à payer moitié à moitié de l'ouvrage et l'autre moitié à la fin d'icelui ; un acte de paiement fut dressé par le même notaire Berthaud le 2 décembre 1696 en présence de Jean Demollière et de Georges Roche. Nous reparlerons de Pierre Jubin dans la suite.

Tels sont les Jubin dont j'ai relevé l'existence à Bessenay. Il est probable qu'ils étaient tous parents ; je regrette de n'avoir pas trouvé d'actes qui établissent exactement leur degré de parenté. Leur nom semble se perdre à Bessenay à la fin du XVIIᵉ siècle.

On a vu que les Jubin avaient des relations avec la famille de la Roue. Il existe sur le territoire de Bessenay un lieu appelé de la Roue, lequel faisait déjà partie de cette paroisse avant la Révolution ainsi que le lieu de Jussieu, d'où sortit une très honorable famille lyonnaise à laquelle appartient Bernard de Jussieu (1699-1777), le célèbre botaniste dont la statue a été élevée à Lyon en 1892 sur le square formé par la rue Rabelais et le quai des Brotteaux. Bernard était fils de Laurent de Jussieu, maître apothicaire à Lyon, originaire, paraît-il, de Montrottier. Le baron Raverat nous dit, avec M. Félix Desvernay, auteur d'une étude sur les de Jussieu, que cette famille est une des plus anciennes du pays, qu'on la trouve établie dans la contrée dès le XIVᵉ siècle. Tout près du Jussieu est située la maison du Jabert, ancien fief que posséda Sylvestre Frère vers 1722.

L'Eglise de Bessenay. — Monseigneur de Neuville visita cette église le même jour que celle de Saint-Julien (9 avril 1660) ; voici un extrait du procès-verbal de cette visite. « L'église paroissiale de « Bessenay est dédiée à saint Irénée ; sur le maître autel il y a un « tabernacle spacieux de bois doré, lequel ayant été ouvert le saint « sacrement a été trouvé dans un soleil d'argent fort propre ; dans le « même tabernacle était aussi un ciboire d'argent où étaient les hosties « pour les communions ; les saintes huiles y sont pareillement en bon « état ; les fonts baptismaux sont en menuiserie, les degrés curiaux « sont aussi en bon état. Dans un reliquaire il y a quelques reliques « de saint Irénée. Il y a aussi d'autres reliquaires et d'autres reliques, « trois calices d'argent au moins deux, et le troisième en a la coupe « seulement, une croix d'argent pour l'autel, dix chasubles, trois « chappes, seize chandeliers d'étain ou cuivre, trois lampes.

« La lampe devant le grand autel brûle toujours à un des côtés du « chœur. Il y a une chapelle appartenant à M. de Chalmazet......
« Le nombre des communiants est de 740, on dit 2 messes hautes tous « les dimanches .....

« Etienne Blanchard, de Montbrison, y tient école de garçons, il a « 17 écoliers ; et Jeanne Molard enseigne à 25 filles et quelques « garçons. On nous a fait bon rapport de leur conduite ; on nous a « aussi assuré qu'il n'y avait aucune personne scandaleuse dans la « paroisse ; il y a une sage-femme qui fait baptiser. Le luminaire a « 20 livres de revenu et pension. Dans le district de la paroisse il y a « la chapelle de Saint-Irénée qui était autrefois église paroissiale, ce « n'est maintenant qu'une chapelle sans revenu ou dotation, mais « fréquentée et bien entretenue par la dévotion qui y est......

« Nous avons ordonné aux luminiers de faire mettre des vitres aux « reliquaires en sorte que les reliques ne puissent tomber ; au curé « avons enjoint de recueillir et ensevelir les ossements épars dans le « cimetière ; et à l'égard de la maîtresse de l'école qui enseigne aux « garçons avec les filles, avons enjoint de renvoyer les garçons à l'école « d'Etienne Blanchard, dudit lieu.»

Les Jubin à Brullioles

Philibert Jubin et sa famille. — Les Jubin paraissent ne pas
avoir été nombreux à Brullioles. Je n'y rencontre qu'une seule famille
qui vivait là à la fin du XVIIe siècle et dont le chef, Philibert Jubin,
devait venir de Bessenay ou de Saint-Julien, probablement de cette
dernière paroisse. En effet, Philibert Jubin était frère de Pierre Jubin,
déjà nommé, notaire à Bessenay ; peut-être était-il aussi l'oncle et le
parrain d'autre Philibert Jubin, dont nous avons analysé plus haut le
testament fait par ce dernier alors qu'il allait quitter Saint-Julien, sa
paroisse, pour entrer dans la milice. Si cette supposition était une
réalité, Philibert Jubin serait le frère de Claude, le chef des Jubin de
Saint-Julien-sur-Bibost : ce dernier ne serait-il pas lui-même le parrain
d'autre Claude Jubin, fils aîné de Philibert, ainsi qu'on va le voir ? ce
serait un argument de plus en faveur de l'étroite parenté que je
suppose exister entre les Jubin de Brullioles et ceux de Saint-Julien :
les mêmes prénoms étaient conservés fidèlement dans les familles et
se transmettaient de génération en génération ; aussi facilitent-ils
parfois la reconstitution d'une généalogie.

Philibert Jubin, tisserand à Brullioles, avait épousé Hélène Mazalon ;
je n'ai aucun renseignement sur leur compte ; je sais seulement que
tous les deux étaient décédés en 1716, époque du mariage de leur fils
aîné, Claude, par lequel ils se trouvent les ancêtres d'une très
nombreuse famille, formant un grand arbre dont les rameaux
s'étendent au loin et se multiplient encore de nos jours pleins de vie
et de prospérité.

Ils eurent quatre enfants : 1° Claude Jubin, déjà nommé, qui fera
l'objet d'un chapitre spécial comme chef des Jubin de Brussieux, où il
alla s'établir ;

2° Anthoine Jubin, qui vint aussi à Brussieux où il épousa, le
11 février 1727, Etiennette Mayou, de la même paroisse. Bien
qu'établis à Brussieux, j'en parlerai de suite, tout d'abord pour rendre
plus clair le récit et n'avoir à parler plus tard que de la branche aînée,
en second lieu, et surtout, parce que leurs enfants ne vécurent pas
longtemps et ne donnèrent aucun héritier de leur nom. Les époux
Jubin-Mayou eurent quatre enfants : *a.* Fleury Jubin, né le 14, baptisé
le 15 janvier 1728 et enterré le 24 décembre 1751, âgé de 24 ans
environ ; *b.* Claude Jubin, né le 14 février 1729, baptisé le lendemain,
enterré le 23 janvier 1738, âgé de 9 ans ; *c.* Antoinette Jubin, née le
16, baptisée le 17 octobre 1730, mariée le 25 janvier 1752 avec
Benoît Basset, de Bressieux, et enterrée le 9 avril 1762, âgée de
30 ans 1/2 environ ; *d.* et Jean-Claude Jubin, né le 25 et baptisé le
26 mars 1732 et enterré le 24 janvier 1746, âgé d'environ 14 ans. Antoine
Jubin mourut à Brussieux le 18 avril 1733, âgé de 45 ans, et fut
enterré le lendemain ; il avait dû naitre à Brullioles en 1688 ;

3° Antoinette Jubin, née probablement à Brullioles vers 1692 et
enterrée dans cette paroisse le 14 octobre 1747, âgée de 55 ans ; elle
avait épousé en premières noces Jean Choley et en deuxièmes noces
Claude Maza ou Mazard, dont elle eut plusieurs enfants. Aux termes
d'un acte faisant partie des minutes de la rente noble de Seneyier,
année 1740, ladite Antoinette Jubin, veuve de Claude Mazard, dit
Gignaud, habitant de Brullioles, reconnait tenir en emphitéose de

sieur Christophe Dejussieux, bourgeois de Lyon, seigneur de Senevier, Combelande, Bombeynost, Tourtoron et autres lieux, un bois et broussailles d'une contenance de six bicherées environ situés à Brullioles, territoire de ...... et dépendant de la rente noble du château de Senevier (archives de la Chambre des notaires de Lyon) ;

4° Et Etiennette Jubin, sur laquelle je n'ai aucun renseignement précis, n'ayant pu constater que son existence.

Philibert Jubin fit son testament devant Me Ponthus, notaire à Saint-Laurent-de-Chamousset, le 20 mai 1702. Par cet acte il donna à ses trois enfants, Anthoine, Anthoinette et Estiennette Jubin, 180 livres « chacun pour leur légitime », légua ses meubles à maître Pierre Jubin, son frère, notaire à Bessenay, et nomma Claude Jubin, son fils aîné, héritier universel.

L'Eglise de Brullioles. — Monseigneur de Neuville visita l'église de Brullioles le 1er juillet 1662. Voici le procès-verbal de cette visite : « Le tabernacle qui est sur le grand autel est de bois doré à la « moderne et proprement tenu ; au-dedans, le saint sacrement repose « en un ciboire d'argent fort décent ; l'ostensoir est aussi d'argent et « une petite boîte de laquelle on se sert pour le viatic des malades. Il y a « quelques reliques dans un reliquaire de cuivre. Le luminaire n'a « aucun revenu que les offrandes. Il y a deux calices d'argent et des « ornements et assortiments nécessaires et suffisants. L'église parois- « siale est dédiée à saint Jean-Baptiste. Le nombre des communiants « est de 500. La nomination de la cure appartient à M. l'abbé de « Savigny, et c'est ainsi qu'on a pourvu messire.... (?) curé moderne « depuis un an. Le revenu de la cure consiste en blé et vin...... Il y « a un pré de six...... et trois terres de 4 bicherées et un petit « terrain ; il y a aussi 4 ou 5 l. annuellement de fondation dans « l'église.

« A l'autel de la Croix il y a commission d'une messe par semaine « dont le curé de Bessenay est pourvu, le revenu est de 30 livres, « ......Cholet est prébendier. Le cimetière qui est autour de l'église « n'est proprement qu'une rue publique et fort étroit, sans clôture, « sujet à tous usages profanes et aux issues de tous les mauvais « voisins, en sorte qu'il faut nécessairement qu'on le place ailleurs. « Nous avons ordonné aux habitants de Brullioles de se pourvoir dans « un an d'un autre cimetière, passé lequel temps le leur sera interdit. « Dans le district de Brullioles il y a deux chapelles, l'une dédiée à « saint Nicolas, l'autre à saint Roch, toutes deux en mauvais état. « Nous avons ordonné à ceux qui prétendent droit aux dites chapelles « de saint Roch et saint Nicolas de les réparer, à faute de quoi elles « seront démolies tout-à-fait. » Les dites chapelles existent toujours toutes les deux.

L'ancienne église a été démolie et remplacée par une neuve. MM. Nicod et Jubin, peintres-verriers à Lyon, mettent la dernière main à un vitrail donné à l'église actuelle par Mme Vve Jubin, de Brullioles, en souvenir de sa famille, de son mari et de la première communion de sa petite-fille, Mlle Girard-Jubin.

Sur la paroisse de Brullioles se trouve l'ancien château de Charfetain, construit, dit-on, par Jacques Cœur, argentier de Charles VII, roi de France (1400-1456). Jacques Cœur possédait et exploitait là des mines dites de Charfetain. On voit encore l'entrée de ces mines qui communiquaient, dit la légende, avec celles de Sainte-Foy-l'Argentière.

On remarque également dans la chapelle les armes de Jacques Cœur. Le château-fief de Charfetain appartint pendant la moitié du XVIIe siècle et presque tout le XVIIIe (jusqu'à la Révolution), à la famille Frère, laquelle fournit plusieurs échevins à Lyon. Les membres de cette famille qui furent sieurs ou seigneurs de Charfetain sont : Noble Giraud Frère, écuyer (1643) ; son fils, Etienne Frère, écuyer (1682) ; le fils de ce dernier, Sylvestre Frère, écuyer, lieutenant de cavalerie (1730, mort en 1769). Sylvestre Frère n'eut que des filles dont l'aînée, dame Jeanne-Judith Frère, devint dame de Charfetain et aurait épousé un M. de Micoud. Charfetain, placé dans une situation sauvage et pittoresque à la fois, n'est plus aujourd'hui qu'une grande maison où l'on remarque encore, ayant gardé un cachet d'antiquité, le portail d'entrée, une vaste cheminée et une petite chapelle. Cette vieille demeure fut vendue pendant la Révolution comme bien national et achetée par un individu dont les descendants ou héritiers en seraient toujours propriétaires. J'ajoute que les registres de Brussieux mentionnent qu'en 1733 « la chapelle de messieurs de Charfetain a été annexée à l'église paroissiale de Bressieux ».

Les Jubin à Brussieux

La famille Nicolas. — Le 14 février 1695 se marièrent à Brullioles « en face de notre sainte mère l'Eglise » Jean-Baptiste Nicolas et Catherine Gouttenoire. Ils appartenaient à de bonnes et anciennes familles du pays et s'établirent à côté du village, au lieu appelé Champbon. Eux ou leurs parents, très probablement les Gouttenoire, élevèrent une croix en pierre devant les bâtiments qu'ils habitaient ; renversée pendant la Révolution, puis relevée et réparée, cette croix existe toujours et porte les inscriptions suivantes : en face « 1701 La croix Gouttenoire » de côté à droite « Nicolas ».

Un Louis Nicolas, marchand de Brussieux, avait épousé noble damoiselle Marie-Françoise Frère, fille de messire Marc Frère de Charfetain, chevalier de Saint-Louis, capitaine au régiment Royal-Cravates, qui demeurait à Brullioles en sa maison de Verly (aujourd'hui Malherbe). Peut-être ce Louis Nicolas était-il frère de Jean-Baptiste Nicolas ? mais pour sûr ils appartenaient à la même famille et des rapports existaient entre eux. Les registres paroissiaux de Brussieux mentionnent les époux Nicolas-Frère en 1749 et parlent du mari comme étant fils de Benoît Nicolas.

Jean-Baptiste Nicolas et Catherine Gouttenoire donnèrent le jour à plusieurs enfants : Catherine, Pierre, Antoinette, Benoîte, Benoît, Antoine, autre Benoît et Etienne. Leurs actes de baptême indiquent à eux seuls les bonnes relations de leurs parents dans la contrée ; ainsi Catherine, l'aînée, née le 2 janvier 1696, fut baptisée le surlendemain par messire Pierre Carret, archiprêtre et curé de Courzieux, et eut pour parrain messire Benoît Gouttenoire, prêtre, curé de Bully. Le second, Pierre Nicolas, eut pour parrain le même curé Pierre Carret et pour marraine madame Magdelaine Dufenoüil, femme de messire noble Estienne Frère, écuyer, sieur de Charfetaing et père du capitaine Frère de Charfetaing, cité plus haut, beau-père de Louis Nicolas. La marraine du premier Benoît fut dame Antoinette Joannon, épouse de maître Antoine Blanc, notaire royal à Sain-Bel ; le parrain du second Benoît fut Benoît Nicolas, bourgeois de Lyon. L'acte de

baptême de Pierre Nicolas porte les signatures de « M. de Fenoüil »
et de « Marie Frère ».

Jean-Baptiste Nicolas mourut avant sa femme Catherine Gouttenoire, laquelle fut enterrée le 4 octobre 1734, âgée de 70 ans, par
messire Drivon, vicaire à Brussieux.

**Familles nombreuses. A. Claude Jubin et ses treize
enfants.** — C'est à la famille Nicolas que les Jubin doivent leur
établissement à Brussieux. En effet, Claude Jubin, l'aîné des enfants
de Philibert Jubin, de Brullioles, demanda et obtint en mariage
Catherine, fille aînée de Jean-Baptiste Nicolas. Cette union fut
célébrée le 11 février 1716 par le vicaire Ducreux en présence de
notables habitants, Jean-Baptiste Lardelier, Jacques Valet, Benoît
Nicolas, Antoine Gouttenoire, dans la vieille chapelle de Brussieux
que je décrirai plus tard et où les Jubin apportèrent pendant près de
deux siècles avec leurs prières leurs enfants nouveaux-nés.

Claude Jubin devait avoir 35 ans environ à l'époque de son mariage
si l'on se base sur l'acte de son décès, dressé à Brussieux le 29 février
1768, lequel acte porte qu'il mourut le 27 du même mois à l'âge
d'environ 87 ans ; il serait donc né en 1681 ; mais il faut se méfier
dans les registres paroissiaux du terme « environ » qui signifie parfois
à quelques années près. Catherine Nicolas venait d'accomplir sa
20me année. Claude Jubin et sa femme fixèrent leur résidence au
Chambon (à côté Brussieux), où habitait déjà la famille Nicolas.

Claude Jubin était cultivateur et marchand à Brussieux. J'ai trouvé
dans les archives de la Chambre des notaires de Lyon les minutes du
terrier de la rente noble du luminaire de Brussieux, renouvelé à la
diligence de J.-B. Lardelier, greffier en chef de l'élection de Lyon.
Aux termes d'une de ces minutes, datée du 30 décembre 1734, Claude
Jubin reconnaît tenir du luminaire de l'église paroissiale de Notre-
Dame de Brussieux, en rente noble, un petit pré sur Brussieux,
territoire de Souzy, joignant le pré de sieur Odet Gazanchon.

De Claude Jubin et de Catherine Nicolas naquirent 13 enfants,
5 garçons et 8 filles : Catherine, Jeanne-Marie, Antoine, François,
Etiennette, Benoîte-Marie, Claude, Françoise, Claudine, Jeanne,
Jeanne-Marie, Jean-Marie et Jean Jubin. Elles n'étaient pas rares à
cette époque, comme aujourd'hui, les familles nombreuses ; aussi
n'est-ce pas sans intérêt et sans satisfaction que l'on parcourt les vieux
registres poudreux de nos paroisses du Lyonnais et que l'on y voit de
jeunes ménages pleins de force et de courage donner chaque année,
pendant 10 ou 15 ans, un enfant au pays.

Voici quelques détails sur chacun des 13 enfants de cette belle et
patriarcale famille. Tous furent baptisés par le vicaire Ducreux,
celui-là même qui avait donné la bénédiction nuptiale au père et à
la mère.

1º L'aînée, Catherine Jubin, naquit le 26 novembre 1716 ; elle fut
baptisée le jour même de sa naissance ; on avait probablement des
craintes pour sa vie, craintes bien justifiées, car elle mourut 2 jours
après et fut enterrée le 31 du dit mois dans le cimetière de la
paroisse ;

2º Jeanne-Marie ou Marie Jubin, née et baptisée le 7 novembre 1717,
épousa, le 24 novembre 1739, Claude Thival, de Brussieux. Le
mariage fut célébré en présence de M. Delagarde, maître chirurgien-
juré à Courzieux ;

3º Antoine Jubin, né en 1719, fut le chef d'une seconde famille de 13 enfants ; il mérite à ce titre un chapitre spécial ;

4º François Jubin naquit le 27 février 1721 ; son baptême eut lieu le lendemain ; il mourut à Brussieux le 18 novembre 1782, âgé de 62 ans environ, et fut enterré le 20 du même mois. Je ne sais si François Jubin s'était marié ; je ne trouve aucun enfant né de lui ; peut-être avait-il été s'établir dans une autre paroisse où il laissa sa famille élevée et revint-il finir ses jours au lieu de sa naissance ?

5º Etiennette Jubin eut pour marraine sa tante, autre Etiennette Jubin. Elle vit le jour le 18 novembre 1722 ; baptisée le lendemain, Etiennette Jubin épousa le 1er mars 1745 Jean Chenevière, tisserand à Saint-Romain-de-Popey. Dans l'acte de mariage le nom de Claude Jubin est précédé de la qualification de Maitre ; sa fille entrait dans une bonne et nombreuse famille du pays ; un Chenevière entre autres, ainsi qu'on le verra plus loin, devint un des principaux bienfaiteurs de l'église de Brussieux, sa paroisse, en donnant, l'année 1751, l'horloge, le confessionnal et la chaire qui existent encore aujourd'hui ;

6º Benoîte-Marie Jubin, née le 3 et baptisée le 4 juin 1724, se maria le 25 janvier 1752 avec Christophe Basset, de Brussieux, dont le frère épousa le même jour, ainsi qu'on l'a vu plus haut (les Jubin à Brullioles), Antoinette Jubin, fille d'Antoine Jubin et d'Etiennette· Mayoux et cousine germaine de Benoîte-Marie. Le vicaire Barbier reçut leurs serments et donna aux deux nouveaux couples la bénédiction nuptiale. Ces Basset faisaient partie aussi d'une nombreuse famille du pays. Je mentionnerai en passant qu'un Laurent Basset parapha en 1789 les registres paroissiaux de Brussieux, sur lesquels il est qualifié : chevalier, conseiller honoraire en la cour des monnaies, lieutenant-général en la sénéchaussée et siège présidial de Lyon, juge primitif et conservateur du Franc Lyonnais. Benoîte-Marie Jubin trépassa le 14 janvier 1785, âgée de 61 ans.

7º Le septième, Claude Jubin, né et baptisé le 31 août 1725, alla probablement fonder une famille dans une ville ou dans une localité voisine de Brussieux, car nous n'avons trouvé son nom que dans son acte de baptême.

8º Françoise Jubin vint au monde le 1er septembre 1727 ; son baptême eut lieu le lendemain. Elle eut pour parrain son oncle François Joyet, marchand, habitant du Subdieu (paroisse de Bessenay), dont elle épousa le neveu ; en effet, nous lisons sur les registres paroissiaux de Brussieux la mention suivante : « Ce 9e janvier 1752, j'ai donné la remise à Laurent Joyet et à Marie-Françoise Jubin, pour la paroisse de Bessenay, signé : Guémard, notaire, Barbier, vicaire ». Le mariage dut donc se faire à Bessenay. Par son testament reçu par Me Berger, notaire à Saint-Laurent en 1769, François Joyet veut être enterré dans l'église de Bessenay où ses père et mère ont été enterrés, dans le tombeau de ses parents, et fait héritière universelle ladite Françoise Jubin, sa nièce par alliance et filleule « pour la remercier des peines et soins extraordinaires qu'elle s'est toujours donnés pour lui. ».

9º Claudine Jubin, née le 17 et baptisée le 18 mai 1729, eut pour marraine Claudine Mazalon, de la famille de sa grand'mère paternelle. Elle devint une des premières dames de son village en épousant, le 15 février 1758, le sieur Jean-Baptiste Lardelier, bourgeois et luminier de Brussieux, veuf d'Antoinette Chapuis. Elle avait 27 ans et son mari 50 ; étant parents au 4ᵐᵉ degré, l'autorité diocésaine dut accorder une dispense en suite de laquelle le vicaire Gonon put procéder à la célébration du mariage. Leur fils, Aimé Lardelier, eut pour marraine madame Aimée Carret, veuve de M. Gazanchon, seigneur de Chavannes.

Ce Jean-Baptiste Lardelier, fils d'autre Jean-Baptiste Lardelier et de Benoîte Ressicaud, jouissait d'une grande considération dans le pays. Ainsi qu'on le verra plus tard, c'est par ses soins que fut construite la sacristie de l'église de Brussieux ; son nom figure aussi au bas de l'acte constatant la donation à la dite église, par Benoît Chenevière, de l'horloge, de la chaire et du confessionnal, acte que je reproduirai plus loin en entier. Il appartenait également à une très ancienne famille de la localité ; établie pendant des siècles au lieu Lardelier, situé à peu de distance de Brussieux, cette famille, dit-on, était d'origine libre. On a vu déjà qu'un J.-B. Lardelier avait été greffier en chef de l'élection de Lyon. Il existe toujours à Brussieux et dans les villages voisins de très nombreux représentants de ce nom. Sur une croix portant la date de « 1809 », élevée au hameau de la Giraudière, dont une partie dépend de Brussieux, on lit le nom de « F. Lardelier ». Le vitrail, représentant Jésus en croix, placé au-dessus du maître-autel de la nouvelle église de Courzieux, village voisin de Brussieux, indique que le donateur se nomme « Jean-Louis Lardelier ». Enfin, une croix de pierre, sur la route de Saint-Laurent-de-Chamousset à Brullioles, près d'une ferme, rappelle encore cette famille par l'inscription suivante : « Croix du jubilé 1851 érigée par Claudine Lardelier » ;

10° Jeanne Jubin, née le 8 et baptisée le 9 octobre 1730, mourut le 23 décembre de la même année, âgée de 2 mois seulement ; on l'enterra deux jours après ;

11° Jeanne-Marie Jubin eut pour parrain Simon Mazalon ; née le 2 janvier 1732, son baptême eut lieu le lendemain en présence de Claude Mazalon. Je n'ai pas d'autres renseignements sur elle ;

12° Jean-Marie Jubin naquit le 20 et fut baptisé le 21 avril 1733 ; n'ayant pas quitté le pays et ayant eu plusieurs enfants, je lui consacrerai un chapitre spécial sous ce titre : « Les Jubin au Gonichon ». Il mourut le 23 décembre 1815, âgé de 83 ans ;

13° Le 13ᵉ et dernier, Jean Jubin, reçut le baptême le lendemain de sa naissance, laquelle eut lieu le 11 avril 1734. Je ne sais rien autre sur lui.

Ainsi, sur les cinq fils de Claude Jubin, trois (François, Claude et Jean) ne laissent pas trace de postérité à Brussieux ; n'ont-ils pas eu d'enfant, ou sont-ils allés s'établir ailleurs ? Je ne sais. En tous cas Antoine et Jean-Marie se chargèrent de continuer la race, ainsi qu'on va le voir dans les deux chapitres suivants.

Claude Jubin, le père de cette nombreuse famille, mourut à un âge très avancé ; il fut conduit à sa dernière demeure par le vicaire Pityot, lequel rédigea ainsi son acte de décès : « Le 29 février 1768 j'ai enterré dans l'église de Brussieux, annexe de Brullioles, Claude Jubin, habitant du dit lieu, décédé le 27 du dit mois, muni des sacrements de l'église, âgé d'environ 87 ans, en présence des soussignés : A. Jubin, B. Lardelier. Jubin, Aymé Jubin, Laurens, Joyet, Pityot, vicaire. » Sa femme, Catherine Nicolas, l'avait précédé de 34 ans dans la tombe; elle mourut 1 mois après la naissance de son dernier enfant, le 15 mai 1734, âgée de 38 ans ; le vicaire Ducreux l'enterra le lendemain. Je ne veux pas clore ces lignes sans avoir une parole d'admiration pour cette femme qui donna 13 enfants à son pays. Son mariage fut une longue maternité. Ainsi qu'on l'a vu, à peine son dernier fils né, elle rendit son âme à Dieu ; mais, si elle n'eut pas la joie et la consolation de voir tous ses enfants grandir et fonder eux-mêmes d'autres familles, elle gagna du moins le repos que Dieu donne aux existences bien et fidèlement remplies.

B. Antoine Jubin et ses 13 enfants. — Suivant l'usage, Antoine Jubin, en qualité de chef de la famille, étant l'aîné des garçons, demeura à la maison paternelle, au Champbon. Né à Brussieux le 26 avril 1719, baptisé le lendemain par le vicaire Ducreux, il épousa, âgé de 24 ans, Françoise Chantre, de Rontalon, elle-même âgée de 19 ans. Cette jeune fille appartenait à une famille considérée qui avait donné un prêtre à l'Église, messire Hugues Chantre, curé de Saint-André-la-Côte, village situé près de Riverie (canton de Mornant, Rhône). Le mariage fut célébré, je crois, dans l'église de Rontalon, paroisse de la jeune fille, le 20 octobre 1743 ; puis les deux époux vinrent à Brussieux, dans la vieille maison du Champbon où ils allaient, eux aussi, avoir une nombreuse famille.

Antoine Jubin, laboureur et marchand à Brussieux, comptait parmi les notables habitants du village. Sa signature se trouve au bas d'un grand nombre d'actes de baptême, mariage ou sépulture. On le voit également présent à toutes les cérémonies importantes de la paroisse ; c'est ainsi qu'il assiste, en 1745, à la bénédiction solennelle de la nouvelle sacristie de l'église de Brussieux ; en 1751 il signa, probablement en qualité de consul, l'acte constatant la donation à cette église, par Benoît Chenevière, de l'horloge, de la chaire et du confessionnal ; il est encore présent, en 1769, à l'abjuration du protestantisme faite dans la même église par Samuel Chèfre, originaire d'Alsace. Il occupa sans doute plusieurs fois les fonctions de consul ; en tout cas il fut nommé Premier Consul de Brussieux pour l'année 1762, ainsi que l'indique l'acte de nomination des consuls dressé le dimanche 11 octobre 1761 conformément au récolement particulier du tableau fait le 31 mai de la même année. Dans cet acte, Jean Freidière, Jean Drivon, Benoît Bergeiron, Christophe Basset et François Chenevière, consuls en charge (après avoir constaté qu'aucun des futurs consuls inscrits n'était mort et qu'aucun n'avait signifié qu'il était exempt de la charge depuis le récolement), s'expriment ainsi : «......Etant tous assemblés au-devant de la grande porte et princi-
« pale entrée de l'église de la dite paroisse et à la place publique
« d'icelle, à l'issue de la messe paroissiale qui venait d'être dite et
« célébrée, nous ayons fait savoir et ayons averti tous les habitants,
« grangers et fermiers, que nous allions faire la nomination des consuls
« qui doivent en faire la charge et les fonctions pendant la dite année
« prochaine 1762 et que nous allons nommer. » Suivent par ordre les noms des 5 consuls nommés : Antoine Jubin, Jean Bonnet, Jean Vercheirin, Claude Chatellard et Jean-Baptiste Freidière.

Une assignation du 5 août 1757, dressée à la requête d'Antoine Jubin, marchand de Brussieux, nous apprend que ce dernier eut des démêlés avec André et Pierre Martin, père et fils (le fils surnommé Perrand), laboureurs à Bessenay, au sujet de troubles et préjudices qu'ils lui auraient causés relativement à deux terres qu'Antoine Jubin possédait en toute propriété et fruits, en qualité d'héritier de Catherine

Nicolas, sa mère. Ces terres consistaient l'une en un paccage en paturage sur la paroisse de Brussieux, territoire du Champbon, de la contenance d'environ 4 bicherées de semailles ; l'autre en un pré, appelé le pré Perraud, situé sur la paroisse de Bessenay ; les dites terres joignant le chemin de Brussieux à Bessenay et le ruisseau de Cosnes et sises à côté d'un bois appartenant aussi à Antoine Jubin. Ce dernier se trouvait donataire et héritier universel de ses père et mère : cela est indiqué dans un acte dressé le 19 août 1769 par Me Berger, notaire à Saint-Laurent-de-Chamousset.

Antoine Jubin rendit son âme à Dieu le 8 février 1813 à l'âge de 93 ans ; son acte de décès mentionne qu'il mourut à Brussieux, section du Frenay (cette section comprenait sans doute le Chambon) ; sa femme l'avait précédé de 23 ans dans la tombe ; elle s'éteignit le 4 mai 1790 à l'âge de 66 ans, et fut conduite le lendemain à sa dernière demeure par le vicaire Vincent. Ainsi que leurs parents, Antoine Jubin et Françoise Chantre ont droit à notre vénération à cause de la très nombreuse famille qu'ils ont élevée. Si Françoise Chantre n'arriva pas à l'âge avancé de son mari, elle n'eut pas dû moins, comme lui, la douleur de voir, ainsi qu'il sera expliqué dans la suite, trois de ses enfants condamnés par le Tribunal révolutionnaire et l'un d'eux traîné sur la plaine des Brotteaux pour y être fusillé par les soldats de la Terreur.

Antoine Jubin ne devait pas avoir moins d'enfants que son père. Un an ne s'était pas écoulé que sa femme mit au monde un enfant qui fut suivi de 12 autres. Voici les noms des 13 enfants d'Antoine Jubin et de Françoise Chantre : Aimé Jubin, Jean-Claude, Jean-Marie, Benoîte, Antoinette, Claudine, Jeanne-Marie, Françoise, Jean-Baptiste, Christophe, Laurence, François et Jean-Antoine Jubin, soit 7 garçons et 6 filles.

1º Aimé Jubin reçut le baptême le 29 septembre 1744 ; il épousa Antoinette Delorme, de Sainte-Foy-l'Argentière, laquelle lui donna 9 enfants dont je ne donnerai plus loin qu'une simple liste. Homme très populaire dans tout le pays, il remplit les fonctions de luminier de Brussieux avant la Révolution ; après l'installation des municipalités il fut nommé agent national ou municipal, c'est-à-dire maire de Brussieux. Ses fonctions d'agent commencèrent vers le 20 nivôse, an 4 de la République (10 janvier 1795) et finirent vers le 16 floréal de l'an 6 ; il avait succédé à Claude Chenevière et fut remplacé par Marc Nicolas et Chatelard. On verra plus loin, en parlant de Christophe, qu'Aimé Jubin aurait été condamné à mort par le Tribunal révolutionnaire mais non exécuté, grâce au décret du 9 thermidor. Il mourut le 23 brumaire an 14 (1806) âgé de 62 ans. Un de ses fils, Jean-Baptiste, mérite une mention spéciale, s'étant engagé et ayant fait la guerre sous Napoléon Ier. Il paraitrait même, au dire d'un de ses compagnons d'armes, qu'il fut trouvé étendu sur le champ de bataille pendant la guerre d'Espagne, la jambe fracassée par un boulet, et qu'il serait mort des suites de cette blessure. On n'a pas retrouvé son acte de décès. Il écrivit le 28 novembre 1807 à sa mère une lettre que conserve la famille Roux, de Brussieux, et dans laquelle il dit qu'il a enduré beaucoup pendant la campagne en face de l'ennemi : « Je me suis trouvé, ajoute-il, dans toutes les batailles qui se sont données sans avoir la plus petite blessure, et maintenant nous sommes cantonnés dans la Basse-Silésie, où nous ne sommes point mal, et nous espérons de jour en jour nous mettre en marche pour rentrer en France ». Puis il prie sa mère « d'oublier ses sottises étant au pays » et demande si elle a reçu la procuration qu'il lui a envoyée de Strasbourg; enfin il termine en donnant son adresse : M. Jubin, chasseur dans la 3me compagnie du 2me bataillon du 6me régiment d'infanterie légère, à la suite de la grande armée ;

2° Jean-Claude Jubin, né le 3 et baptisé le 4 janvier 1746, s'établit à Bessenay ;

3° Jean-Marie Jubin, baptisé le 30 octobre 1747, s'établit vinaigrier à Lyon ; un acte de 1803 le domicilie rue de la Pêcherie ;

4° Benoîte Jubin, née et baptisée le 6 octobre 1749, mourut le 18 avril 1757, âgée de 7 ans 1/2, et fut enterrée le lendemain ;

5° Antoinette Jubin, née le 23, baptisée le 24 juin 1751, eut pour parrain messire Hugues Chantre, curé de Saint-André-la-Côte, pour marraine madame Antoinette Chapuis, femme de M. Lardelier, luminier, lequel épousa en 1758, en deuxièmes noces, ainsi qu'on l'a vu plus haut, Claudine Jubin, tante d'Antoinette. Dans l'acte de naissance Françoise Chantre, mère de l'enfant, est appelée Madame : c'est sans doute pour faire plaisir à la famille et pour honorer messire Hugues Chantre que le vicaire rédacteur employa ce qualificatif dont on n'était certes pas prodigue à cette époque dans nos campagnes. Antoinette Jubin ne vécut que 6 jours : le vicaire Barbier l'enterra le 1er juillet 1751 ;

6° Claudine Jubin naquit et fut baptisée le 18 juin 1752 ; elle épousa en premières noces, le 22 janvier 1771, Pierre Sarrazin, de Saint-Laurent de Chamousset ; l'acte de mariage constate que leur contrat de mariage fut reçu par MM. Matagrin et Richard, notaires, le 5 janvier, et porte les signatures suivantes : « Gazanchon de Trianon, V. Gazanchon de Chavannes, de Rivoire et Pityot, vicaire ». Claudine Jubin se maria en secondes noces le 25 novembre 1776 avec Joseph Ramel, marchand de Montrottier ;

7° Jeanne-Marie Jubin, née et baptisée le 15 septembre 1754, contracta mariage le 22 novembre 1785 avec Jean Tardy, marchand et habitant de Longessaigne ;

8° Françoise Jubin, née le 2, baptisée le 3 février 1757, se maria le 29 janvier 1782 avec sieur Jean-Baptiste Dutour, marchand de Bessenay ;

9° Jean-Baptiste Jubin, né le 15 mars 1759, fut baptisé le lendemain. Il vint s'établir à Lyon. Je le vois mentionné dans cette ville en 1816 et 1820 ;

10° Christophe Jubin, né le 9, baptisé le 10 mai 1761, vint s'établir à Lyon où il exerça, ainsi que son frère Jean-Marie, la profession de vinaigrier ; domicilié d'abord dans la paroisse Saint-Paul, près le grenier à sel, puis dans le quartier Saint-Nizier, il est qualifié de rentier à l'âge de 66 ans. Il épousa Marguerite Thévenin, de laquelle il eut au moins une fille, Claudine Jubin, qu'il mit en nourrice à Brussieux où elle mourut le 15 décembre 1788, âgée d'environ 17 jours. Pendant la Terreur, Christophe Jubin aurait été condamné comme muscadin par le Tribunal révolutionnaire ; il parvint heureusement à fuir et alla à Brussieux demander asile à son frère aîné, Aimé Jubin, qui lui ouvrit les portes de sa demeure ; mais, au bout de quelque temps, las de se cacher, il commit l'imprudence de sortir de sa retraite et de vaquer aux travaux de la maison. Un habitant de

Lyon, dévoué à la cause révolutionnaire, se trouva de passer à Brussieux ; il vit Christophe, le reconnut et s'empressa de le dénoncer. Par suite le tribunal ordonna l'arrestation de Christophe et l'exécution de la première sentence prononcée contre lui ; de plus, il condamna Aimé à la même peine de mort pour avoir donné refuge à son frère. Leurs noms seraient venus s'ajouter à ceux de tant d'autres victimes si, grâce au ciel, le décret du 9 thermidor n'était venu mettre un terme à toutes ces iniquités. Ce récit m'a été fait à Brussieux ; n'ayant pu en contrôler l'exactitude, je le donne ici sous toutes réserves :

11° Laurence Jubin, née et baptisée le 22 mai 1763, mourut le 15 juin suivant, âgée de trois semaines ; elle fut conduite à sa dernière demeure par le vicaire Pityot ;

12° François Jubin vit le jour le 13 juillet 1765 ; il fut baptisé le lendemain et vint s'établir aussi vinaigrier à Lyon. On prétend à Brussieux qu'il n'eut pas d'enfant ; cependant le partage de la succession d'Antoine Jubin, du 24 mars 1816, dressé en vertu d'un jugement du Tribunal de Lyon du 4 avril précédent, mentionne parmi les ayant-droit : « Marie Jubin, de Lyon, fille de François Jubin ».

Si Aimé et Christophe échappèrent à la peine de mort, il n'en fut pas de même de François ; il fut condamné par un jugement de la Commission révolutionnaire prononcé en présence du peuple sur la place de la Liberté, le 5 nivose l'an IIme de la République Française, une, indivisible et démocratique (25 décembre 1793); voici *in extenso* la teneur de ce jugement, que j'ai lu moi-même aux archives départementales du Rhône : « La Commission révolutionnaire établie à
« Commune affranchie par les représentants du peuple, considérant :
« Qu'il est instant de purger la France des Rebelles à la volonté
« nationale ;
« De ces hommes qui convoquèrent et protégèrent à main armée le
« Congrès départemental de Rhône-et-Loire ;
« De ces hommes qui portèrent les armes contre leur patrie, égor-
« gèrent ses défenseurs ;
« De ces hommes qui, complices des Tyrans, fédéralisaient la
« République pour, à l'exemple de Toulon, la livrer à ses ennemis et
« lui donner des fers ;
« D'après les interrogatoires subis par les ci-après nommés et
« attendu que la Commission révolutionnaire est intimément convaincue
« qu'ils ont tous porté les armes contre leur patrie ou conspiré contre
« le peuple ou sa liberté, et qu'ils sont évidemment reconnus pour des
« contre-révolutionnaires ;
« La Commission révolutionnaire condamne à mort : (suivent les
« noms de 45 rebelles, parmi lesquels : François Jubin cadet, natif de
« Brussieux, département du Rhône, demeurant à Commune affranchie,
« rue de la Pêcherie, section idem. François Jubin se trouve inscrit
« entre François-Barthélemy Guillermain, teinturier, et Claude Rosset,
« ou Rollet, prêtre réfractaire). Toutes les propriétés des sus-nommés
« sont confisquées au profit de la République, conformément à la loi ;
« En conséquence, la Commission révolutionnaire charge le
« commandant de la Place de Commune affranchie de faire mettre à
« exécution le présent jugement. Ainsi prononcé d'après les opinions
« de Pierre-Mathieu Parein, président, Antoine Lafay aîné, Pierre-
« Aimé Brunière, Joseph Sernex et André Corchaud, tous membres
« de la Commission. Suivent les signatures ».

A côté des signatures se trouve un cachet de cire, couleur de sang, dont l'empreinte représente une femme portant le bonnet phrygien ; autour on lit « Commission révolutionnaire », aux pieds de la femme cette inscription sinistre : « Mort aux rebelles ». Sur les 45 condamnés 19 furent guillotinés ; un procès-verbal donne leurs noms et constate leur exécution le jour même du jugement. Afin, sans doute, que la besogne aille plus vite, les 26 autres, parmi lesquels se trouvait François Jubin, furent renvoyés devant l'autorité militaire qui les fit fusiller aussi le jour même du jugement, sans prendre seulement la peine de relever leurs noms, et se contenta de rédiger la note suivante : « Le général, commandant la place à Commune affranchie, certifie avoir « fait fusiller aujourd'hui (5 nivôse an II), dans la plaine des Brotteaux, « d'après la réquisition de la Commission révolutionnaire, les criminels « condamnés à mort compris dans le jugement de la dite Commission « du dit jour. Le général commandant la place : Declaye. »

Ainsi mourut François Jubin, dont le nom figure sur la liste des victimes du siège de Lyon exécutées du 1er au 29 nivose an II, c'est-à-dire du 21 décembre 1793 au 18 janvier 1794 ; cette liste est affichée dans le corridor allant de la chapelle expiatoire, appelée monument des Brotteaux, à la demeure des pères capucins qui en sont les gardiens fidèles ; dans les caveaux de la chapelle reposent les restes des victimes ; au dessus de la porte principale on lit cette inscription : « A la gloire de Dieu, à la mémoire des victimes du siège de Lyon, MDCCXCIII ». Le monument actuel, en forme de pyramide, va, malheureusement, être démoli pour permettre de relier la rue Fénelon à la rue Louis-Blanc, qui sont séparées par la chapelle expiatoire, située sur la rue Vendôme. Le comité de cette chapelle en fait construire une autre à côté où reposeront les restes des victimes. Le monument actuel remplaçait déjà une autre chapelle, aussi en forme de pyramide, construite après la Révolution et également démolie. Dans son histoire des Tribunaux révolutionnaires de Lyon, Salomon de la Chapelle donne la liste des contre-révolutionnaires mis à mort ; François Jubin y est indiqué ainsi : « Jubin cadet, vinaigrier, 27 ans » ;

13° Le dernier, Jean-Antoine Jubin, né le 25 mai 1767, baptisé le lendemain par le vicaire Pityot, vint très jeune à Lyon ; son contrat de mariage dressé par Me Chazal, notaire à Lyon, le 15 thermidor an IV, porte en effet qu'il demeurait à Lyon depuis plus de 10 ans, ce qui indique qu'il était déjà à Lyon en 1784, époque à laquelle il n'avait pas 18 ans. Il n'exerça pas, comme ses frères, la profession de vinaigrier, mais il s'installa emballeur en soierie dans le quartier des Terreaux et se maria le 19 thermidor an IV avec mademoiselle Eléonore Moiret, de Lyon, à peine âgée de 17 ans ; il en avait environ 28. Les deux époux demeurèrent à Lyon ; ils résidèrent aussi à Ecully dans une propriété qu'ils possédaient au lieu de Montribloud et qui fut vendue plus tard à M. Denavit. Jean-Antoine Jubin, alors rentier, mourut à Ecully le 23 mai 1826, âgé de 59 ans ; sa femme rendit son âme à Dieu le dimanche 8 mars 1840, âgée de 60 ans ; son acte de décès la qualifie rentière de l'Etat. Ils eurent 4 enfants.

Ainsi qu'on l'a vu, Aimé Jubin fut le seul garçon de sa famille qui resta à Brussieux même ; étant l'aîné, il habita, suivant l'usage, la maison paternelle, où ses descendants demeurent encore de nos jours ; le deuxième, Jean-Claude, alla s'établir à Bessenay ; les 5 autres garçons (Jean-Marie, Jean-Baptiste, Christophe, François et Jean-Antoine) quittèrent leurs montagnes pour venir à Lyon, où ils exercèrent le commerce. Les 3 premiers qui vinrent à Lyon paraissent avoir été Christophe, François et Jean-Antoine.

Parmi les premiers actes que j'ai lus concernant les Jubin à Lyon, je citerai le partage, déjà énoncé, du 24 mars 1816, entre Jean-Baptiste, Christophe et Jean-Antoine Jubin, tous trois de Lyon, Jean-Claude Jubin, de Bessenay, Marie Jubin, fille de François Jubin, de Lyon, Jean Tardy et Jeanne-Marie Jubin, sa femme, de Longessaigne, et les héritiers de Claudine Jubin, veuve de Sarrazin et de Ramel, de Saint-Laurent-de-Chamousset ; et un exploit du 2 septembre 1820 portant les noms de Jean-Antoine Jubin, négociant à Lyon, rue Longue, Jean-Baptiste Jubin, rue de l'Arbre-Sec, Antoine Jubin, place des Terreaux, Mariette Jubin, épouse de Berthrand, tulliste, à Vaise, faubourg de Lyon, et Jean-Claude Jubin, négociant à Lyon, rue Gentil.

C. Les Jubin au Gonichon. — Jean-Marie Jubin, vigneron à Brussieux, 12me enfant de Claude Jubin et de Catherine Nicolas, se maria le 23 janvier 1770 avec Claudine Laurent, fille de Barthélemy Laurent, vigneron au Gonichon, paroisse de Brussieux, et de défunte Anne Poyard. Le mariage fut précédé d'un contrat dressé à Brussieux « au château du dit lieu » le 24 décembre 1769, par Me Berger, notaire à Saint-Laurent-de-Chamousset. Par cet acte (que je vais reproduire en partie pour donner une idée du style et des usages de l'époque et montrer avec quels soins nos pères arrêtaient les conditions de leurs arrangements), Barthélemy Laurent, père de la future épouse, fait donation à sa fille de tous ses biens et de tous ceux de la succession de sa femme, sous réserve de divers legs à ses autres enfants et de biens en nature aux pauvres et à la charge par la donataire « de nourrir et entretenir le donateur enfanté et malade de tous aliments, médicaments et vêtements convenables à son état et d'avoir tous les soins de sa personne que son grand âge et ses caducités exigent, et, au cas d'incompatibilité, de lui faire réparer une chambre de la succession de la dite Poyard pour la rendre habitable, d'y faire construire une cheminée et de la garnir d'un bon lit et de tous les autres meubles et ustensiles dont le donateur aura besoin pour son service » et « de lui payer une pension annuelle et viagère de 50 livres en argent, cinq asnées de bon vin clairet bien enfutés, 12 bichets à la mesure de Chamousset de blé tant froment que seigle criblé et de bons grains, 30 livres de lard sallé et 20 livres de beurre, et ce annuellement par avance de 6 en 6 mois à commencer le premier paiement au moment de leur séparation », ladite pension stipulée franche et exempte de toutes retenues de dixièmes, de vingtièmes et autres charges royales. Par ce même contrat le futur époux promet d'habiller et enjouailler la future épouse suivant son état et sieur Antoine Jubin, de Brussieux, donne à son frère, futur époux, 3 asnées de vin clairet et 5 bichets tant froment que seigle, comme indemnité des services qu'il lui a rendus.

Jean-Marie Jubin et Claudine Laurent s'établirent au Gonichon, sans doute chez Barthélemy Laurent, conformément au contrat ; ce dernier, qui exerçait la profession de vigneron, avait probablement donné tous ses biens à sa fille parce que son gendre était vigneron comme lui et, par conséquent, capable de cultiver ses terres. Ils eurent

quatre enfants, savoir : 1º Antoine, né et baptisé le 8 octobre 1770 ;
2º Françoise, née le 25 et baptisée le 26 juillet 1772, qui épousa, le
15 pluviose an XI, Pierre Julien, propriétaire au Combet, commune de
Chevinay ; 3º Jean-Marie, né le 13, baptisé le 14 juillet 1775 ; 4º et
Laurent, né le 29, baptisé le 30 mars 1777. Laurent Jubin ne vécut
que 24 jours, il mourut le 22 avril 1777 et fut enterré le lendemain. Je
ne sais ce qu'est devenu Jean-Marie. Quant à Antoine, il épousa,
le 4 frimaire an XII (1804), sa cousine issue de germain, Claudine-
Antoinette, fille d'Aymé Jubin et d'Antoinette Delorme, dont il a été
parlé dans le chapitre précédent.

Au moment de la Révolution cet Antoine Jubin est qualifié citoyen
de Brussieux, puis propriétaire-agriculteur. Il était adjoint de cette
commune en 1810 ; il devint maire de Brussieux en 1821 ; le premier
acte qu'il signa en cette qualité porte la date du 26 juillet 1821 et
constate la naissance de Claude-Marie Joyet. Antoine Jubin paraît
avoir joui d'une grande considération ; il resta du reste maire plusieurs
années, et ce fut sous son administration et par ses soins que l'église
de Brussieux fut restaurée en 1827. De son mariage avec sa cousine
il eut 11 enfants ; étant tous nés après la Révolution, je ne donnerai
pas de détails sur leur compte ; je me bornerai à en dresser la liste
dans la suite.

D. Descendance des Jubin de Brussieux. — Voici, d'après
les registres de la paroisse et de la commune de Brussieux, les noms
des enfants des Jubin de Brussieux :

I. — Enfants d'Aimé Jubin et d'Antoinette Delorme :

1º Antoine Jubin, né le 3 décembre 1776, décédé le 14 août 1810,
âgé de 33 ans ; 2º Benoît-François Jubin, né le 21 septembre 1778,
décédé célibataire le 21 décembre 1813, âgé de 35 ans ; on m'a dit à
Brussieux que ce Jubin était beau garçon, qu'on l'appelait « le beau
Benoît » et qu'il se donnait le nom de « marquis de la Plume » ;
3º Claudine-Antoinette Jubin, née le 6 mai 1780, mariée à Antoine
Jubin, propriétaire au Gonichon, maire de Brussieux (leurs enfants
suivent) ; 4º Jean-Marie Jubin, né le 6 mars 1782, fabricant en nanquin
ou d'étoffes de coton, au bourg, épouse, le 27 février 1808, Jeanne-
Marie Deleulion (leurs enfants suivent) ; 5º Jean-Baptiste Jubin, né le
30 mai 1784, soldat de la grande armée, mort, croit-on, sur le champ
de bataille ; j'en ai déjà parlé ; 6º Jeanne-Marie Jubin, née le 16 mars
1786 ; 7º Jean-Antoine Jubin, né le 14 janvier 1788, épouse, le 14 mai
1814, demoiselle Antoinette Mazard, fille de Jean Mazard, rentier à
Lyon, place Saint-Vincent ; se remarie avec Marie Blaingard et meurt
le 6 janvier 1861 ; on voit son tombeau à côté de l'allée nº 24 de l'ancien
cimetière de la Guillotière ; ses descendants habitent Lyon et sont
alliés à la famille Calmel, de Lyon ; 8º Jean-Claude Jubin, né le
14 mai 1790 ; 9º Benoîte Jubin, née le 14 germinal an II (1792), mariée
le 5 septembre 1819 à Jean-Baptiste Roux, de Saint-Pierre-la-Palud,
dont un fils fut maire de Brussieux ; ses descendants habitent toujours
la vieille maison des Jubin au Champbon ;

II. — Enfants de Claudine-Antoinette Jubin et d'Antoine Jubin, du
Gonichon :

1º Jean-Marie Jubin, né le 18 brumaire an XIII, géomètre, obtint
des prix dans divers concours, m'a-t-on dit, et s'occupa, avec son père,
des réparations de l'église de Brussieux ; 2º Françoise Jubin, née le
28 février 1806 (eut peut-être pour mari Joseph Charvolin, 1835) ;

3º Jeanne-Marie Jubin, née le 5 octobre 1807, épouse Jean-Claude Deleulion, de Brussieux, le 28 février 1829 ; 4º Benoîte Jubin, née le dernier avril 1809 (eut peut-être pour mari Marc Brulas, 1837) ; 5º Jean-Antoine Jubin, né le 6 octobre 1810 (épousa peut-être Marie Michaud, 1839) ; 6º Marc Jubin, né le 10 juin 1812, décédé le 9 mai 1813, âgé de 11 mois ; 7º un enfant venu sans vie le 12 février 1814 ; 8º Claudine Jubin, née le 3 novembre 1815 (épouse J.-Fr. Barbier ou J.-Cl. Basset) ; 9º Claudine-Marie Jubin, née le 13 août 1817 (épouse peut-être Jean-Antoine Deleulion, 1846) ; 10º Claudine-Antoinette Jubin, née le 2 décembre 1819 ; 11º Jean-François Jubin, né le 3 juin 1821 ;

III. — Enfants de Jean-Marie Jubin et de Jeanne-Marie Deleulion :

1º Jean-Antoine Jubin, né le 21 avril 1808 ; 2º Antoinette-Françoise Jubin, née le 27 mai 1809, eut peut-être pour mari Jean-Claude Laurent (1838) ; 3º Claude-Antoine Jubin, né le 26 janvier 1811, décédé le 22 mars suivant, âgé de 2 mois ; 4º Antoinette Jubin, née le 11 mars 1812 (eut peut-être pour mari Pierre Chatelard, 1836) ; 5º Jean-Marie Jubin, né le 7 mars 1814 ; 6º Jean-Claude Jubin, né le 24 février 1816 ; 7º Joseph Jubin, né le 21 octobre 1817 ; 8º Catherine Jubin, née le 14 mars 1820 ; 9º Jean-François Jubin, né le 19 novembre 1821 ; 10º Claudine Jubin, née le 13 avril 1825 (épouse J.-Fr. Barbier ou J.-Cl. Basset) ; 11º Jean-Baptiste Jubin, né le 28 mars 1829.

IV. — Voici, d'après les registres de Brussieux, les naissances et décès concernant les Jubin de 1833 à 1853 :

1º Naissances : de Jean-André Jubin, du 17 août 1842 ; de Claudine-Louise Jubin, du 1er juillet 1845 ; de Pierre Jubin, du 1er janvier 1849 et de François-Marie Jubin, du 27 septembre 1849 ;

2º Décès : de Antoine Jubin, du 22 mai 1834 ; de Jeanne-Marie Jubin, du 23 décembre 1835 ; de Claudine-Marie Jubin, du 9 novembre 1847.

E. Menus détails sur les Jubin à Brussieux. — Les Jubin, par leur nombre et leur situation de famille, tinrent une bonne place à Brussieux pendant le XVIIIe siècle, d'autant plus que cette paroisse ne comptait à cette époque que fort peu de noblesse et de bourgeoisie. Leur instruction ne devait pas être brillante, car les écoles étaient rares dans nos villages ; toutefois, la plupart savaient signer, le nom Jubin se trouvant au bas de nombreux actes de l'état-civil. Il m'a été dit aussi dans le pays que les Jubin étaient de beaux hommes, intelligents et possédant des mémoires peu ordinaires. En tout cas, ainsi que nous l'avons vu, ils furent souvent investis des fonctions importantes de Brussieux, telles que celles de consul, de luminier, d'agent national et de maire.

La maison paternelle des Jubin est située sur les bords du village, au lieu du Champbon, appelé aussi plus tard lieu du Jubin ou du Grand-Jubin. Cette maison est depuis fort longtemps habitée par des Jubin ou des descendants d'eux, mais elle a été démolie en grande partie, il y a quelques années, pour faire place à de plus grands et plus confortables bâtiments. Les restes de l'ancienne demeure et les nouveaux locaux appartiennent aujourd'hui à la famille Roux qui habite là et descend de Benoîte Jubin, femme de J.-B. Roux et 9me enfant d'Aimé Jubin et d'Antoinette Delorme.

J'ai vu au-dessus d'un portail des nouveaux bâtiments une pierre intercallée dans la muraille et provenant des parties démolies, sur laquelle se trouve un cœur sculpté en relief. Pourquoi cet emblème ?

Cette maison a-t-elle appartenu à Jacques Cœur qui était possessionné dans le pays et dont les armes portaient un cœur ? Je ne sais.

L'on m'a montré encore l'endroit où s'élevait, à côté de la maison, une vieille tour carrée appelée « la tour du Prieur », qualification donnée au receveur des impôts, dont la charge aurait été occupée par un Jubin. Cela existait dans bien d'autres villages ; je lis en effet dans les *Promenades autour de Lyon,* du baron Raverat, le passage suivant, relatif à Mornant : « La vieille maison, dite du Prieur, qui tenait lieu de château, se trouve à côté de l'église ; une tour, qni probablement lui appartenait, mais qui est séparée par une ruelle, s'élève encore majestueusement au-dessus des maisons qui l'enserrent de toute part. Cette tour, de forme carrée, se nomme tour de la dîme ou du vingtain et défendait la porte du même nom. »

Au Champbon se trouvent deux maisons : devant la première s'élève une croix, mentionnée plus haut, portant cette inscription, en face « La croix Gouttenoire, 1701 », à droite « Nicolas » ; cela indiquerait que ladite maison devait appartenir à cette époque à la famille Gouttenoire puis à la famille Nicolas, par suite de l'union des deux familles. Les mariages s'étant multipliés dans ces familles, on dut acquérir la seconde maison où s'établit probablement Claude Jubin après son mariage avec Catherine Nicolas, et qui devint ainsi la maison paternelle des Jubin. Cette dernière habitation n'aurait-elle pas été une dépendance seigneuriale servant à la défense du village ou à tout autre service public ? Sa situation sur la limite du village, la pierre armoriée placée au-dessus de la porte, cette tour carrée, dite du Prieur, tout cela le ferait aisément supposer.

Si le lieu du Champbon fut appelé parfois « le Grand-Jubin », c'était sans doute pour indiquer que là était la maison paternelle, alors que les Jubin étaient nombreux et s'étaient fixés un peu partout dans le village ou dans les environs ; cela à moins que le lieu du Grand-Jubin ne doive pas être confondu avec celui du Champbon. Je vois en 1829 les époux Jubin-Deleulion domiciliés « au lieu chez Grand Jubin ». Peut-être n'était-ce pas au Champbon et ce lieu tirait-il son nom de la taille élevée du Jubin qui y habitait ? Je crois cependant que c'est la première hypothèse qui doit être adoptée, car dans le partage des biens d'Antoine Jubin on paraît confondre le Grand-Jubin et le Champbon.

Je suis entré dans la partie conservée des anciens bâtiments et spécialement dans la vieille cuisine qui existe encore telle qu'elle était au siècle dernier avec tout son cachet d'antiquité. Là j'ai vu le lit où naquit mon trisaïeul, aujourd'hui humble couche de la servante ; une vieille armoire provenant de la succession de messire Hugues Chantre, curé de Saint-André-la-Côte, et bien d'autres meubles conservés avec soin par leurs propriétaires : ce sont des souvenirs auxquels ils tiennent. Ces derniers m'ont dit également que les Autrichiens avaient passé chez eux pendant les guerres de l'Empire et y avaient cantonné ; ils auraient encore une vieille porte en bois, mise au rebut, sur laquelle on lit « 1815 », date mise par les Autrichiens eux-mêmes.

Les Jubin élevaient au Champbon une grande quantité de bestiaux. La peau de ces animaux servait à vêtir tous les membres de la famille. Aussi, lorsque le moment était favorable, des ouvriers ambulants venaient-ils de longs jours au Champbon pour fabriquer des vêtements ou de la chaussure à tous ses habitants, qui formaient alors une vraie tribu, comme au temps des patriarches, si l'on additionnait les parents, enfants, petits-enfants et domestiques.

Voici, d'après le partage de la succession d'Antoine Jubin, les noms des terres que ce dernier possédait à Brussieux : Les bâtiments au Grand-Jubin ou bien au Chambost (ou Champbon), le pré Place, près les bâtiments, le pré sous les bâtiments, le pré verger, le grand pré, la grand'vigne, la petite vigne, terre Beauregard, terre la Montagne, vigne la Montagne, la terre Rouge, terre du Milieu, terres des Mines, la grande terre des Mines ou Sempailly, terre Dupeuble, terre du Rompay, la Chataigneraie, la Terre ronde, la terre du Vernay et petit Vernay, la chataigneraie de l'Orge, terre entre les bois, le bois côte Vernay, le bois Milon, les paturages bois Milon, la terre Grand-Rompay, le bois des Razes, le bois sous le chemin, le bois de Cosnes, le pré de Cosnes, le paturage de Cosnes. Tous ces terrains, qui couvraient une superficie de cinquante hectares environ, formaient un seul tènement divisé seulement par des chemins et fossés. La vigne de la grande Combe, la terre la Cruzille, terre de la Coste, terre de la Combe, pré de la Combe, petite terre de la Combe, terre de la Combe des Euvers, terre des Euvers de la Combe, le bois Marronnier, la terre Marronnier, trois parcelles de Cosnes situées sur Bessenay, dans l'une de celles-ci se trouvait une masure ; la vigne du Souzy et la Prébende. Ces derniers terrains doivent avoir une superficie moindre que le tènement énoncé plus haut, mais forment quatre fonds assez séparés les uns des autres.

Les Jubin avaient pour voisin au Champbon une ancienne famille de cultivateurs, enrichie dans le commerce des peaux, puis annoblie. Cette famille portait le nom de Gazanchon et possédait au XVIIIe siècle le fief de Chavannes et Triamon, situé sur la paroisse de Courzieux. D'après Debombourg, ce fief, qui avait haute, moyenne et basse justice, appartint à Jean de la Roue en 1717, à Odet Gazanchon en 1753, à Aimée Carret, sa veuve, en 1763, et à M. Gazanchon de Chavannes en 1789. En 1775 je trouve, sur les registres de Brussieux, l'acte constatant le mariage de noble Philippe Thévenon, avocat en parlement et escour de Lyon, avec mademoiselle Reine Gazanchon de Trianon, fille de feu Odet Gazanchon, seigneur de Chavannes et Trianon, et de Aimée Carret. Le nom Gazanchon est resté attaché au lieu habité par cette famille ; on le trouve mentionné notamment sur la carte d'état-major : sur le cadastre, m'a-t-on dit, les anciens domaines des familles Jubin et Gazanchon se confondent sous cette dénomination « à Joubin-Gazanchon ». Dans le pays, le lieu du Gazanchon est désigné sous un nom plus gracieux : en souvenir de madame veuve Gazanchon de Chavannes et de sa fille, qui venaient souvent à Brussieux, on appelle « les Dames » l'endroit où se trouvait la maison qu'elles habitaient.

L'Eglise de Brussieux. — L'église de Brussieux est très ancienne. On prétend qu'elle a été construite par les seigneurs de Charfetaing : elle est de style ogival. Elle fut réparée en 1827 par les soins d'Antoine Jubin, du Gonichon, alors maire de Brussieux, et sous la direction de Jean-Marie Jubin, son fils, géomètre-architecte, ainsi que l'indique un dossier des archives de la Mairie.

De nouvelles réparations et améliorations très importantes sont actuellement entreprises (1899) par le vénérable curé de la paroisse, M. l'abbé Verrier, sous la direction de M. Cumin, architecte à Lyon.

MM. Nicod et Jubin, peintres-verriers à Lyon, sont chargés de garnir les fenêtres qui n'ont pas encore de vitraux.

Je vais décrire l'église de Brussieux ainsi qu'elle existait avant les réparations et agrandissements qui se font en ce moment :

Le clocher de l'église est bas et de forme carrée ; une horloge indique l'heure aux habitants. L'encadrement en pierre de la porte principale contient un écusson aux armes de Jacques Cœur : trois coquilles de pèlerin et un cœur, ce qui a fait dire par certains que l'église de Brussieux aurait été élevée par le célèbre argentier ; au-dessus de l'écusson se trouve une niche dont le saint a été enlevé. Si l'encadrement est ancien, la porte est relativement récente : on y remarque les têtes des clous qui représentent aussi des coquilles et des cœurs, et deux espèces d'écussons semblables où l'on croit distinguer des clous sculptés.

L'église de Brussieux est dédiée à saint Denis, évêque. Elle n'a qu'une seule nef voûtée et deux chapelles latérales ; celle de droite, dite de Charfetaing, qui porte, dit Ogier, le millésime de 1557, aurait été construite par les seigneurs de Charfetaing, dont elle renferme le caveau. Ainsi je lis, sur les registres de Brussieux, l'acte suivant : « Le 20e de mars de l'an 1665, sur les trois heures du matin, mourut noble Giraud Frère, sieur de Charfetain, âgé de 53 ans, de la paroisse de Brullioles, après avoir reçu les saints sacrements de pénitence, d'eucharistie et d'extrême onction, son corps fut enterré dans la chapelle de ses ancêtres, qui est dans l'église de Brussieux, par moi, vicaire soussigné : Mollin ». Cette chapelle est dédiée à la sainte Vierge et possède une très ancienne statue de saint Antoine, ermite, tenant dans ses mains un livre et une clochette et ayant son cochon à ses côtés.

La chapelle de gauche, dite de Leulion, aurait été fondée par la famille de ce nom en 1639 ; dédiée à saint Denis, évêque, elle renferme aussi une ancienne statue de saint Roch. La famille de Leulion, établie depuis des siècles dans le pays, paraît y avoir toujours tenu un rang très honorable. En 1731, un acte des registres de Brullioles mentionne Louis de Leulion, notaire royal, capitaine-châtelain de Bessenay, bourgeois de Lyon, à côté de Claude-Joseph de la Roche, lieutenant au Dragon-Dauphin, capitaine-châtelain de Montrottier, et de Jean-Baptiste Meaudre, notaire royal et châtelain de Courzieux. Au milieu du XVIIIe siècle, une branche de la famille de Leulion acheta le château de Thorigny, situé entre Bessenay et Bibost, et dont elle ajouta le nom à son nom patronymique ; ce château appartenait en 1789 et appartient, je crois, encore aujourd'hui à la famille de Leulion de Thorigny, dont un membre fut avocat général à Lyon et un autre ministre de l'Intérieur vers 1851. Les registres paroissiaux de Brussieux furent paraphés, pour 1779, par un Deleullion, écuyer, seigneur de Thorigny, lieutenant particulier faisant fonction de lieutenant général de la sénéchaussée et siège présidial de Lyon. Mais les mêmes vieux registres de Brussieux mentionnent aussi beaucoup d'autres Deleulion de situations plus modestes : c'est ainsi qu'on voit, aux siècles passés et dans le nôtre, de nombreuses familles de ce nom exerçant la profession de cultivateurs. On a vu que trois Jubin épousèrent des Deleulion. Enfin, il m'a été dit que tant qu'il y aurait des Deleulion à Brussieux, ceux-ci auraient le droit de se placer dans la chapelle dont nous venons de parler. Il m'a, de plus, été dit, ces jours-ci, qu'un

Deleulion, propriétaire à côté de l'église, ayant eu un enfant au bout de 10 années de mariage, avait cédé gratuitement à l'église de Brussieux une parcelle de terrain nécessaire pour l'agrandissement entrepris par le curé de la paroisse.

On remarque dans l'église de Brussieux trois vieux bénitiers dont l'un, celui placé près des fonts baptismaux, porte la date de 1646 ; plus une chaire et un confessionnal datant du milieu du siècle dernier. Les cloches de Brussieux sont toutes récentes ; cette commune eut « l'insigne honneur » d'être représentée, en 1793, par un « pur » qui se hâta d'envoyer les cloches qui existaient alors au comité de Lyon, pour être converties en canons, tandis que Brullioles gardait les siennes. Voici les inscriptions relevées sur les deux cloches actuelles : sur l'une « Je pèse neuf quintaux. J'ai été baptisée en 1821, parrain François Laurent, a coopéré pour 300, marraine, Tissot, a coopéré pour 300 » ; sur l'autre « Sancte Sébastiane ora pro nobis ut...... Te Deum Laudamus. » Il n'y a pas, sur cette dernière cloche, de nom de parrain ou de marraine, mais, d'après les renseignements recueillis, le parrain aurait été Claude Nicolas et la marraine Claudine Palmier, femme Charrachon ; son baptême eut lieu en 1827.

Brussieux reçut le même jour que Brullioles, c'est-à-dire le 1er juillet 1662, la visite de monseigneur de Neuville, archevêque de Lyon. C'est ainsi qu'est rédigé le procès-verbal de cette visite : « Brussieux est l'annexe de Brullioles ; le saint sacrement repose dans une boîte d'argent fort propre ; il y a un soleil d'argent, mais, pour le viatique des malades, l'objet sacré n'est que de cuivre doré ; il y a 2 calices, l'un d'argent, l'autre de damasquine argentée et fort ancienne. Les saints autels sont tenus décemment, ainsi que les fonts baptismaux ; le luminaire n'a aucun revenu ; la confrérie du rosaire est établie (?...) de l'autel de la Nef. Messire Grangeneufve est vicaire résidant, dûment approuvé, le curé le paye, il tient les registres curiaux en deux états. Il y a un cimetière bien clôt. »

Les anciens registres paroissiaux de Brussieux contiennent les actes suivants, que je crois inédits et qui méritent d'être transcrits ici en entier :

A. Bénédiction de la sacristie de l'église de Brussieux, en 1745 : « Le 15e du mois d'août 1745, avant la grand'messe, en conséquence de la permission accordée le 30e avril de la présente année par monseigneur l'évêque de Sydon, suffragant et vicaire général de ce diocèse, contresigné par M. l'abbé Carrier, secrétaire, nous soussigné, prieur et curé de cette église et de celle de Brullioles, archiprêtre substitué de Courzieu, avons béni la sacristie construite dans cette église en suite de la permission de M. l'abbé Decastillon, prieur et seigneur de cette paroisse, et par les soins de maître Jean-Baptiste Lardellier, habitant et bourgeois de ce lieu et luminier en charge, en présence des soussignés (suivent plusieurs signatures, parmi lesquelles celles de A. Jubin et de Chartier, curé). »

B. Donation par Benoît Chenevière à l'église de Brussieux, en 1744, de l'horloge et, en 1751, de la chaire et du confessionnal : « Le neuvième jour du mois d'octobre de l'année 1751, fête de saint Denis, patron de l'église paroissiale de Bressieu, annexe de Brullioles, M. Benoît Chenevière, natif de ce lieu, bourgeois de Lyon, marchand-fabricant en la dite ville, capitaine-penon du quartier de Saint-Nizier, qui fit déjà présent à la paroisse, le 24 juin 1744, du bel horloge qui sert actuellement, a payé en entier de ses deniers et donné en pur don la chaire à prêcher et le confessionnal placés depuis peu de jours dans cette église et dont l'on a commencé de se servir aujourd'hui en y prêchant et confessant pour la première fois : les soussignés, prieur, curé, vicaires, luminiers, recteurs de la confrérie du saint Rosaire et de celle pour les défunts, les consuls et généralement tous les habitants du dit Brussieux, sensibles, comme ils doivent l'être, aux grands et généreux bienfaits de ce respectable compatriote, ont dressé sur les registres de leur dite église le présent acte pour servir à la postérité de monument authentique de toute la reconnaissance qu'ils en conserveront de race en race et pour perpétuer à jamais parmi eux la précieuse mémoire de cet insigne bienfaiteur dont les jours devraient être immortels. Le Seigneur daigne par sa grâce lui accorder la plus longue vie, les jours les plus saints et les plus heureux, de même qu'à madame sa vertueuse épouse, madame Anne Richard, comme aussi à toute son aimable famille, et bénir de plus en plus son florissant commerce, et ont signé au présent acte tous ceux qui l'ont pu faire ad æternam rei memoriam.» Suivent les signatures : Barbier, vicaire ; Beyle, prêtre ; Lonchay, curé de Saint-Genis-Largentière ; B. Lardelier, B. Drivon, J. Bonnet, A. Jubin, Drivon, Voley, L. Nicolas, Bonnet, Chartier, prêtre, curé, archiprêtre substitué.

Ces horloge, chaire et confessionnal, ornent toujours l'église de Brussieux ; voici l'inscription qui se trouve à côté de l'horloge : « M. Benoît Chenevière, natif de cette paroisse et bourgeois de Lyon, a fait présent de cette horloge le 24 juin 1747. Passants qui regardez l'heure, priez Dieu pour lui.»

C. Abjuration de l'hérésie de Calvin, en 1766, par Jérémie Carbre et, en 1769, par Samuel Chefre, dans l'église de Brussieux. Le 24 août 1766 eut lieu l'abjuration de l'hérésie de Calvin par Jérémie Carbre, ouvrier mineur travaillant aux mines exploitées par messieurs Blanchet et Jars, privilégiés. Voici l'acte d'abjuration de Samuel Chefre : « Le 15e janvier 1769, Samuel Chefre, natif de Mariaquerie ou Sainte-Marie-aux-Mines, en Alsace, diocèse de Strasbourg, maréchal de son métier, ayant reconnu que hors de la vraie église il n'y a point de salut, de sa bonne volonté et sans aucune contrainte, a fait profession, entre nos mains, de la foi catholique, apostolique et romaine et abjuration de l'hérésie de Calvin, dans laquelle il était né, suivant la forme et les cérémonies prescrites dans le rituel du diocèse, et en suite de cette profession, nous lui avons donné l'absolution de l'hérésie dans l'église de Brussieux, annexe de Brullioles, en vertu du pouvoir de monseigneur de Malvin de Monlazet, archevêque et comte de Lyon, à nous accordé par M. de Navarre, l'un de ses vicaires généraux, en date du 12 du présent mois, en présence de messire Jean Garel, vicaire de Brullioles, et de M. Etienne Gazanchon de Chavannes, d'Antoine Jubin et de Jean Voley, habitants, qui ont signé avec le dit Samuel Chefre. Suivent les signatures de ces 5 personnes et celle de Pityot, vicaire.»

D. Détails divers concernant le presbytère de Brussieux (1787-1790) : Nous approchons de 1789. Les idées révolutionnaires se répandent partout, même dans nos campagnes ; Brussieux n'est pas à l'abri de ce courant néfaste. Les habitants n'ont plus autant de respect pour les ministres de la Religion. Ainsi, le curé de Brullioles et Brussieux adresse, en décembre 1787, une requête à monseigneur l'intendant au sujet du mauvais état du presbytère de Brussieux. Le baron de la Roullière, en venant présider l'assemblée municipale de cette paroisse, reconnait lui-même que des réparations sont indispensables. Mais les habitants de Brussieux « trouvent que le presbytère est convenable et suffit ». Une seconde requête fut adressée le 20 juin 1789 au bureau intermédiaire du Lyonnais par M. Beyle, curé de Brullioles. Ce dernier joint à sa requête quelques observations dont j'extrais les suivantes : « Les cachots sont aujourd'hui plus vastes et plus aérés ; les criminels, qui se sont rendus indignes de vivre, y peuvent respirer un air pur, et un citoyen, un prêtre occupé au service d'une paroisse ne trouve dans son presbytère qu'un air infecté et un domicile moins salubre que les prisons et, dans les moments mêmes destinés au repos et au sommeil, c'est pour repomper le même air qui vient de sortir de ses poumons. Personne n'ignore combien c'est préjudiciable à la santé. » Le vicaire était obligé de mettre son lit dans un cabinet n'ayant qu'une toise de surface, l'endroit le moins mauvais. Tous les faits ci-dessus sont mentionnés sur les vieux registres tenus par le clergé ; on y lit aussi les deux notes ci-après : « Les états généraux ont été tenus cette année, la Bastille a été démolie et prise d'assaut le 14 juillet, et tous les Français ont arboré l'étendard de la Liberté. » Puis : « L'hiver a été si long et le froid si vif qu'aucun homme ne se rappelle d'avoir vu un tel hiver ; le froid commença le 24 novembre 1788, fut si excessif le 31 décembre 1788, 5 et 7 janvier 1789, qu'il surpassa les hivers de 1709, de 1728, 1740 et 1766. Le dégel arriva subitement les 13 et 14 janvier 1789 ; les rivières débordèrent et plusieurs personnes furent noyées ; on avait traversé le Rhône sur la glace, ce qui n'était pas arrivé depuis 1697. »

Si les habitants de Brussieux refusèrent, en 1787, des réparations au presbytère, ils refusèrent également, en 1790, de payer au vicaire la quête d'usage, ainsi que le constate l'acte suivant : « Ce jourd'hui, 5e janvier 1790, Jean-Antoine Lardelier, luminier et syndic de cette paroisse, nous a déclaré que les membres de la municipalité, qui tous avaient refusé, au mois d'octobre dernier, de payer au vicaire la quête d'usage pour la passion que le dit vicaire avait dite et les processions de l'année précédente 1789, étaient convenus avec les principaux habitants de ne point payer dorénavant et de la supprimer. Signé : Vincent, vicaire de Brussieux. »

*
* *

Brussieux (Brussiacus), appelé souvent Bressieux avant la Révolution, existait, nous dit Debombourg, à l'époque romaine. Ce village est traversé par une route qui descend dans la vallée de la Brévenne ; c'est, nous dit le baron Raverat, l'ancienne voie d'Aquitaine connue dans le pays sous le nom de chemin des Romains ou des Maçons et dont il reste aussi des fragments sur les communes de Brullioles et de Saint-Laurent-de-Chamousset. Le pont qui traverse la rivière de Cosne, à la petite Giraudière, a remplacé un vieux pont romain, lequel faisait aussi partie de la voie d'Aquitaine. On prétend qu'Agrippa le traversa avec sa légion. Ogier nous dit qu'on avait bâti là une célèbre hotellerie où s'arrêtaient les voyageurs (parmi lesquels probablement beaucoup de maçons venant d'Auvergne, d'où le nom de chemin des Maçons) et qui servait d'entrepôt pour les marchandises. Ogier prétend aussi que Brussieux doit son origine aux comtes de Forez de la première race qui en auraient fait un rendez-vous de chasse.

Brussieux appartint à l'église de Lyon et à l'abbaye de Savigny et devint, vers le XVe siècle, seigneurie particulière. D'après une tradition locale Jacques Cœur possédait cette seigneurie. Les 3 coquilles de pèlerin et le cœur sculptés sur la porte de l'église, armes parlantes de ce personnage, qui vécut de 1400 à 1456, ne sembleraient-elles pas donner raison à cette tradition ? c'est l'avis du baron Raverat. L'église elle-même, datant du XIVe ou XVe siècle, n'aurait-elle pas été construite par le célèbre argentier, possesseur des mines de Charfetain, situées entre Brullioles et Brussieux ? En effet, des mines furent octroyées dans le pays à Jacques Cœur, puis confisquées en 1455, ainsi que l'indique un registre de comptabilité dressé à cette occasion, exploitées pour le compte du roi, enfin rendues aux enfants de Jacques Cœur. Longtemps abandonnées, ces mines, ou d'autres voisines, furent de nouveau exploitées, au milieu du XVIIIe siècle, par messieurs Blanchet et Jars, en vertu d'un privilège. Nous avons vu plus haut l'abjuration, en 1766, de l'hérésie de Calvin par Jérémie Carbre, venant d'Alsace et travaillant aux dites mines comme ouvrier mineur. Mais ces mines tombèrent de nouveau dans l'oubli. Elles contenaient du plomb argentifère, d'où le nom d'Argentière donné à plusieurs localités de la contrée.

Lorsqu'éclata la Révolution, Brussieux se trouvait soumis à la justice du prieuré de Saint-Irénée de Lyon, dont le prieur commandataire était, en 1789, M. d'Orsin. Il avait appartenu aussi au château de Sainte-Foy ou au prieuré de l'Argentière. On voyait encore, il y a quelques années, sur la grande place de Brussieux, les ruines d'un antique château ; il était entouré, dit Ogier, de murailles crénelées et de larges fossés. Une grande maison d'habitation a été construite à la place ; on y a intercallé quelques vieilles pierres provenant du château et, dans un mur sur cour, un écusson ayant une position inclinée et sur lequel on croit distinguer une date ou des lettres initiales ainsi qu'un casque empanaché et un coq. Une aile de cette vieille demeure seigneuriale existe encore ; elle est habitée par le curé du village. Les maîtres de ce château avaient dû disparaître de Brussieux avant le XVIIe siècle, car ils n'ont laissé aucune trace ni signature sur les registres paroissiaux datant de 1620.

Avant la Révolution, Brussieux n'était qu'un annexe de la paroisse de Brullioles, aussi l'église de Brussieux est-elle appelée parfois, de nos jours, la Chapelle. Un vicaire de Brullioles desservait Brussieux et rédigeait les registres de catholicité ; mais la Révolution a séparé la paroisse de son annexe, de sorte que Brullioles et Brussieux forment aujourd'hui deux communes distinctes ayant chacune son maire et son curé. Les registres paroissiaux mentionnent, vers 1660, l'église de Brussieux sous ce nom : « Notre-Dame de Brussieux ». Voici les noms des vicaires de Brussieux dont j'ai constaté l'existence avant 1789: Grangeneufve (1662), Mollin (1665), Chabert (1695-1698), Ducreux (1716-1734), Drivon (1734), Coudour (1744-1747), Barbier (1749-1752), Gonon (1754-1761), Beyle (1762), Pityot (1763-1772), Charra (1775-1778), Vincent (1782-1790).

Les registres constatant les baptêmes, mariages et sépultures existent encore, de 1620 à 1790. Ils m'ont fourni la plus grande partie des détails contenus dans cet ouvrage. En les parcourant j'ai relevé les noms suivants que portent plusieurs familles lyonnaises : Rosset, notaire à Brussieux (1640) ; Dutel et Fesquet, vers 1775 ; Molière, vers 1785 ; J.-B. Drivon, de la Giraudière, recteur de la confrérie du saint Rosaire, en 1775 ; Gueymard, capitaine châtelain et lieutenant de juge de la juridiction du prieuré de Brussieux, en 1779 ; Jeanne-Marie Ducreux, 22 ans, résidant au Prat, sur Brussieux, qui épouse, en 1816, Jean-Marie Basset, de Sourcieux, 42 ans, fils de Benoît Basset, du Prat, et de Jeanne-Marie Chenevière, mariage auquel assista Jean-Marie Jubin ; Charrier de la Roche, Pierre Bertaut, Gesse de Poizieux, Louis-Marie Deleulion, Rambaud, Catalan de la Sarra, Laurent Basset, lesquels 7 personnages paraphèrent les registres de catholicité de Brussieux. Il existait aussi une famille « de Saint-Jean » dont le nom figure souvent sur nos vieux actes paroissiaux et qui exerçait la profession de cultivateur. Cette famille devait être extrêmement ancienne dans le pays, car Benoît Mailliard, grand prieur de l'abbaye de Savigny, en Lyonnais (1460-1506), nous dit en sa chronique qu'il naquit à Savigny le dernier jour de mars 1431 et qu'il fut mis en nourrice d'abord chez Martin du Milieu, paroissien de Brullioles, puis chez Jean de Saint-Jean, de la paroisse d'Ancy, enfin à Montmonnot, chez Berthaud du Four.

J'ajoute qu'on voit une ancienne croix en pierre au bourg même de Brussieux, sur la place du village. Sur le piédestal se trouve gravé un écusson entouré d'une couronne de lauriers : « de.... au chevron de.... surmonté de deux étoiles de.... » Au dessous, deux initiales : LA, puis deux chiffres : 04. La partie inférieure de l'écusson est scellée dans le pied de la croix. La base de cette croix ayant été brisée, on ne peut plus lire les deux premiers chiffres de la date, dont les deux derniers sont 04, mais on prétend que ce monument aurait été posé par Louis-Dauphin Aguetlant, dont on croit retrouver les initiales dans les lettres L. A. Je ne me souviens pas si j'ai lu ce nom sur les vieux registres de Brussieux ; toutefois il fut porté dans le pays par un huissier de la justice du château-fief de Senevier, près Saint-Julien, en 1789. Le greffier de cette dernière justice était alors le sieur Matagrin, de la famille des Matagrin, notaires à Saint-Laurent-de-Chamousset.

Les écoles de Brussieux sont de construction récente. Le cimetière n'est pas ancien : un certain nombre de Jubin y ont été enterrés ; on voit encore les croix qui protégaient leurs tombes. La mairie a été élevée, je crois, en 1837 ; on y remarque trois drapeaux de la garde nationale de Brussieux, sous la monarchie et la République ; de celui du second empire, il ne reste que l'aigle, l'étoffe ayant été trainée dans les rues du village après les désastres de Sedan et détruite par ceux des habitants qui étaient le plus acharnés contre l'Empire. Les Jubin qui, à ma connaissance, occupèrent la première magistrature de Brussieux furent : Antoine Jubin, premier consul en 1762 ; son fils Aimé Jubin, agent national en 1795 ; autre Antoine Jubin, maire en 1821 ; un fils de ce dernier, maire pendant longtemps ; il habite actuellement la Giraudière et se trouve aujourd'hui le doyen d'âge de la commune de Brussieux. Nous nommerons aussi M. Roux, petit-fils d'Aimé Jubin, maire pendant de nombreuses années, ainsi que M. Montvernet, maire actuel, époux d'une petite-fille d'Aimé Jubin ;

tous les deux sont entourés de l'estime de leurs concitoyens, qu'ils méritent du reste à tous les titres.

Ainsi, plusieurs Jubin de Brussieux furent placés à la tête de leur commune ; un autre figure sur la liste des victimes du siège de Lyon ; nous en avons vu un soldat de la grande armée. Dernièrement encore le nom d'un Pierre Jubin a été gravé, en lettres d'or, sur une plaque de marbre, dans la grande cour de l'école la Martinière, parmi les anciens élèves de l'école morts pour la Patrie en 1870-1871. Le nom de ce même Jubin se trouve également gravé sur l'une des belles plaques commémoratives placées dans la salle des pas-perdus de l'Hôtel-de-Ville en l'honneur des soldats de Lyon tués pendant la guerre Franco-Allemande ; on lit en effet cette inscription : « Jubin Pierre, Coulmiers ». Ce Jubin, né à Lyon, lieutenant pendant la guerre, tué à Coulmiers (allant à Orléans), était fils d'un Claude Jubin, de Brussieux, et de Catherine Nicolas.

Enfin, si le nom Jubin est inscrit sur des tables humaines, souvenons-nous aussi qu'il est écrit au ciel sur le livre des bienheureux : n'avons-nous pas vu, en effet, en tête de cet ouvrage, que l'archevêque Jubin figurait parmi les saints de l'Eglise de Lyon ? Je terminerai ces notes historiques sur les Jubin ainsi qu'un père de la Compagnie de Jésus portant le même nom termina l'allocution qu'il fit à l'occasion du mariage de sa nièce, au début de 1898 : « Nous ne prétendons pas « retrouver des liens de parenté avec cet illustre pontife, mais ne nous « est-il pas permis de dire :

« Saint Jubin, priez pour nous »

*
* *

Avant de fermer ces pages, je prie les personnes qui daigneront les lire de vouloir bien me faire part de toutes leurs observations sur les présentes notes historiques. Sans aucun doute elles contiennent beaucoup d'erreurs : mes lecteurs voudront bien me les signaler.

J'adresse aussi mes remerciements bien sincères aux personnes qui ont facilité mes recherches, savoir : le personnel des archives du département du Rhône et celui de la Chambre des notaires de Lyon ; M. Henri Matagrin, ancien principal clerc de notaire à Saint-Laurent-de-Chamousset ; M. le curé de Saint-Julien-sur-Bibost ; M. Montvernet, maire de Brussieux ; M. J.-B. Roux, propriétaire au Champbon de l'ancienne maison des Jubin de Brussieux ; M. Lorédan Larchey, de Paris ; M. Tavernier, avocat à Lyon ; MM. Dumont et Bourgeois, propriétaires au Jubin. Je les prie d'agréer l'expression de ma reconnaissance.